D1701421

Edm

Biblos Edizioni

© 1985 by Biblos Edizioni
Tipolitografia Sociale – Cittadella di Padova
Deutsche Ausgabe: Verlag Anton Schroll & Co, Wien 1985
Deutsche Übersetzung: Olympia Gineri
Titel der italienischen Originalausgabe: CARNEVAL
Alle Rechte vorbehalten

Printed in Italy
ISBN 3-7031-0609-3

Fulvio Roiter

KARNEVAL

MASKENSPIELE IN VENEDIG

Verlag Anton Schroll & Co · Wien und München

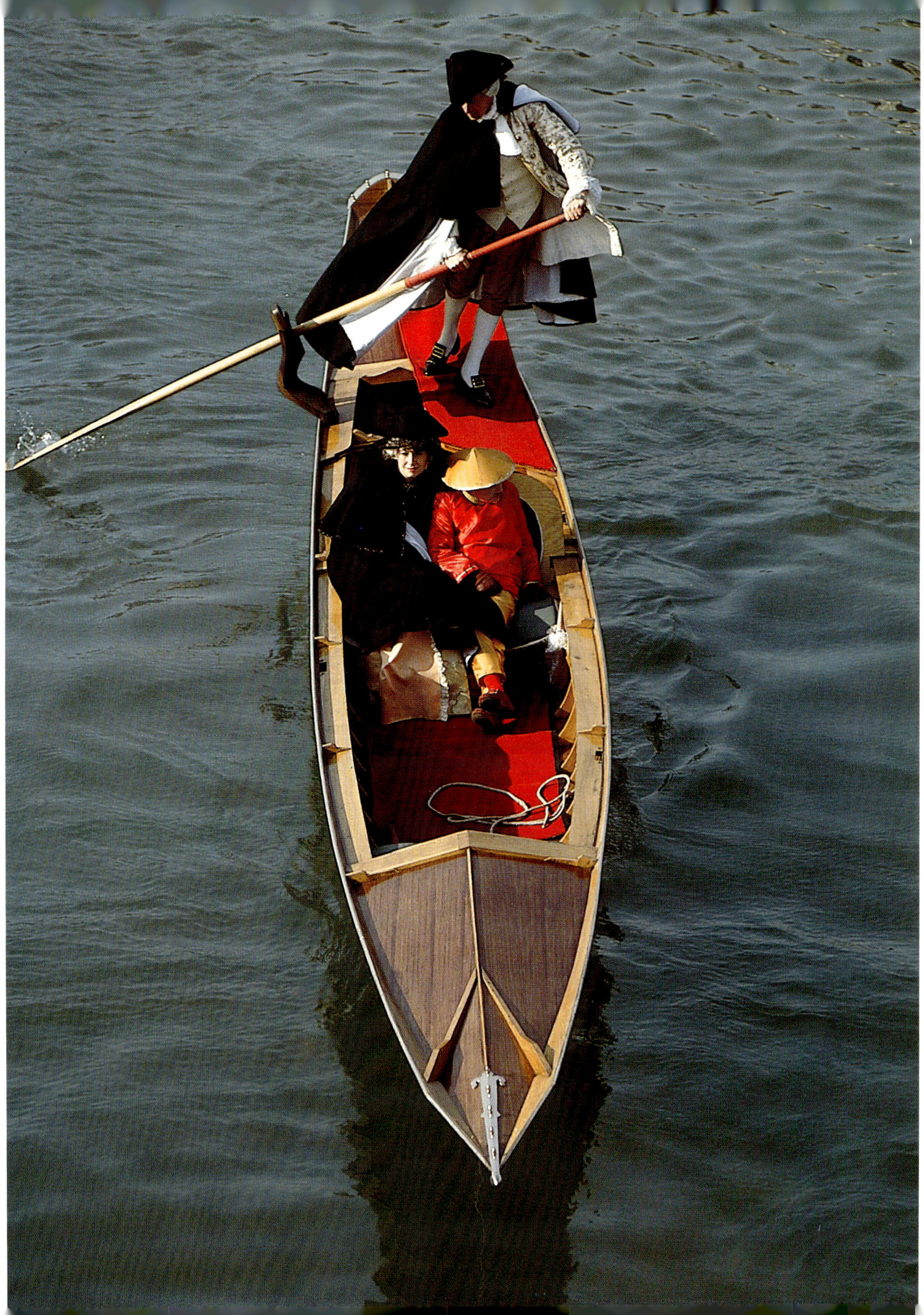

1

2.3

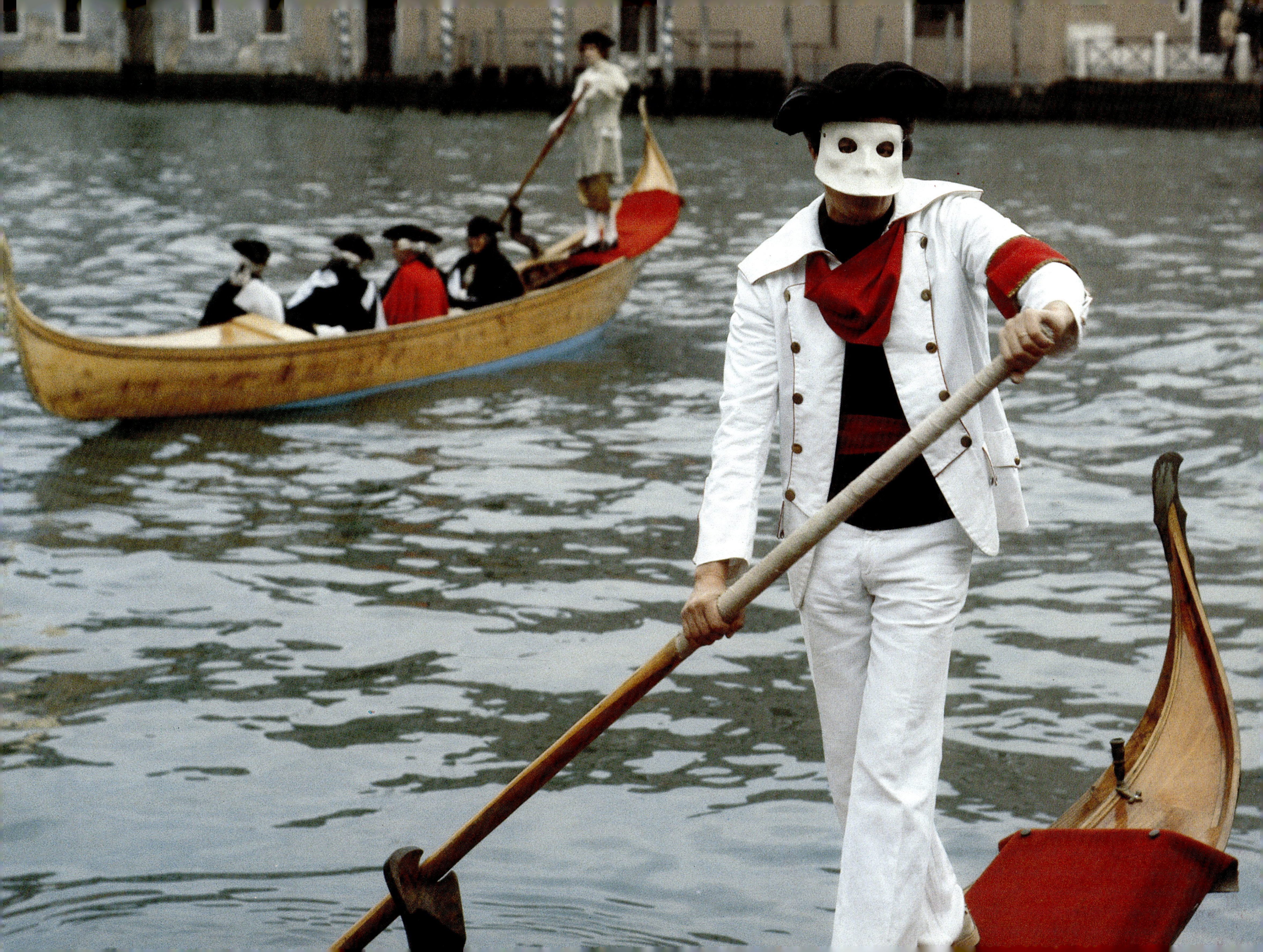

4.5

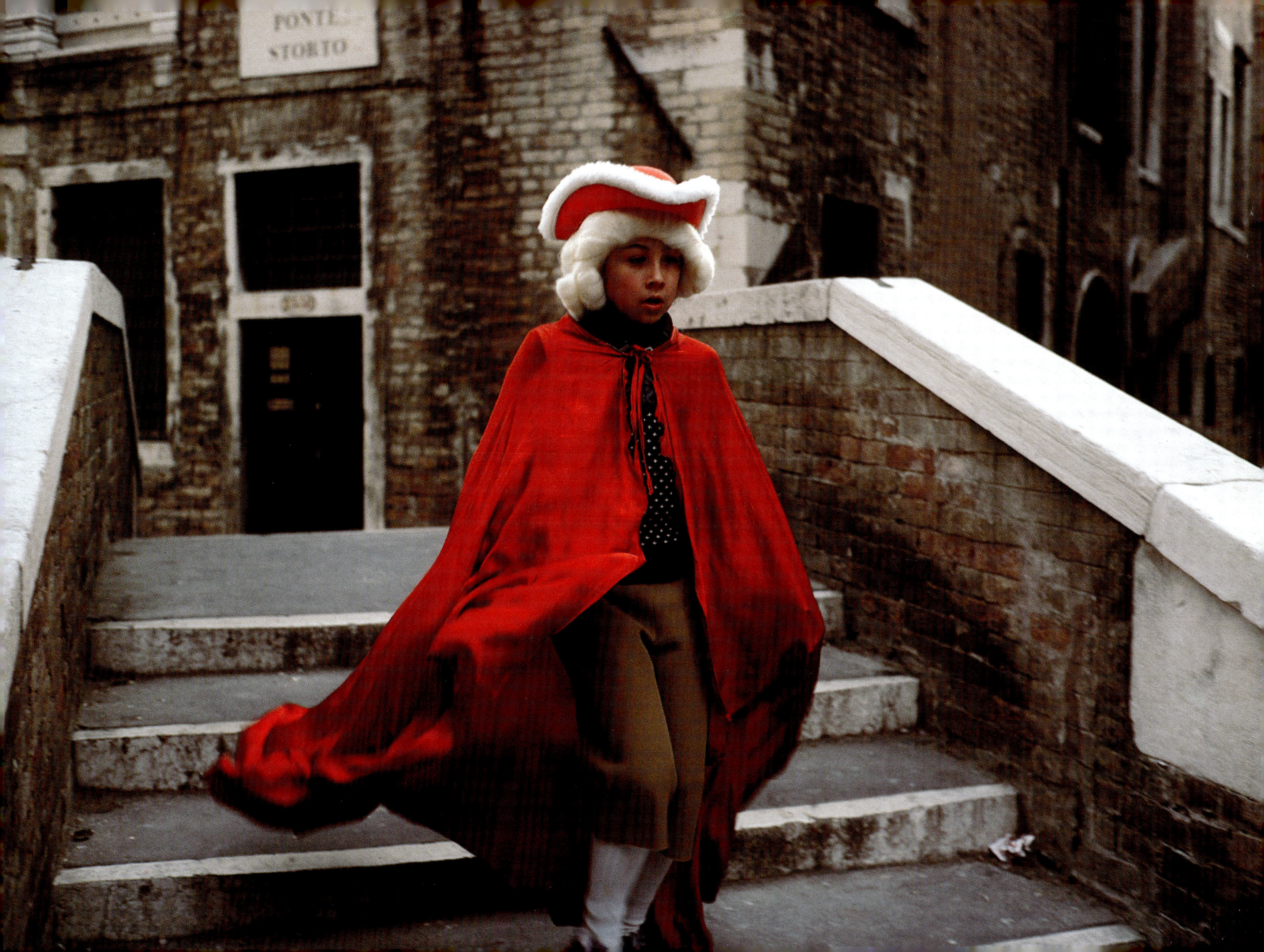
PONTE
STORTO

6

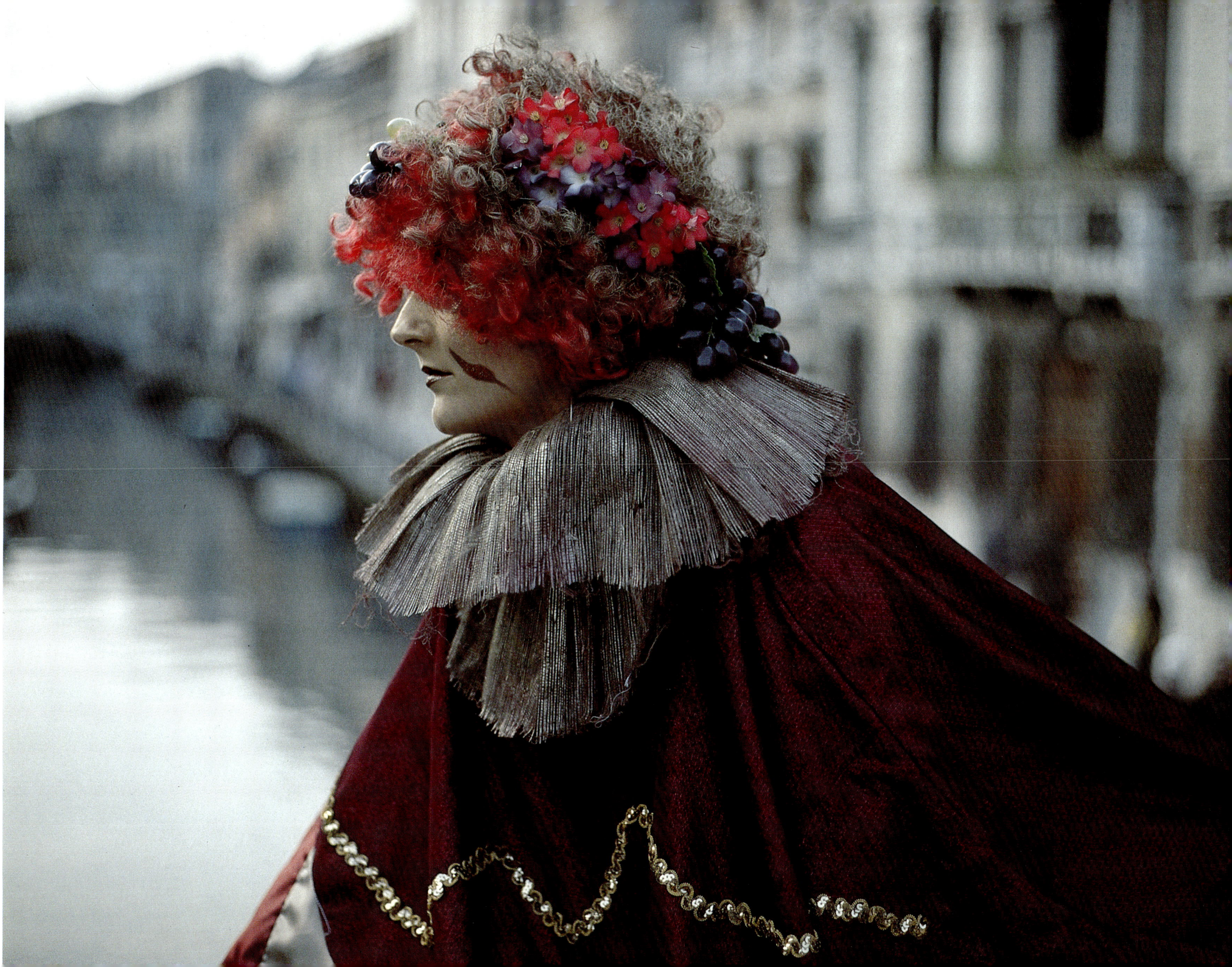

8.9

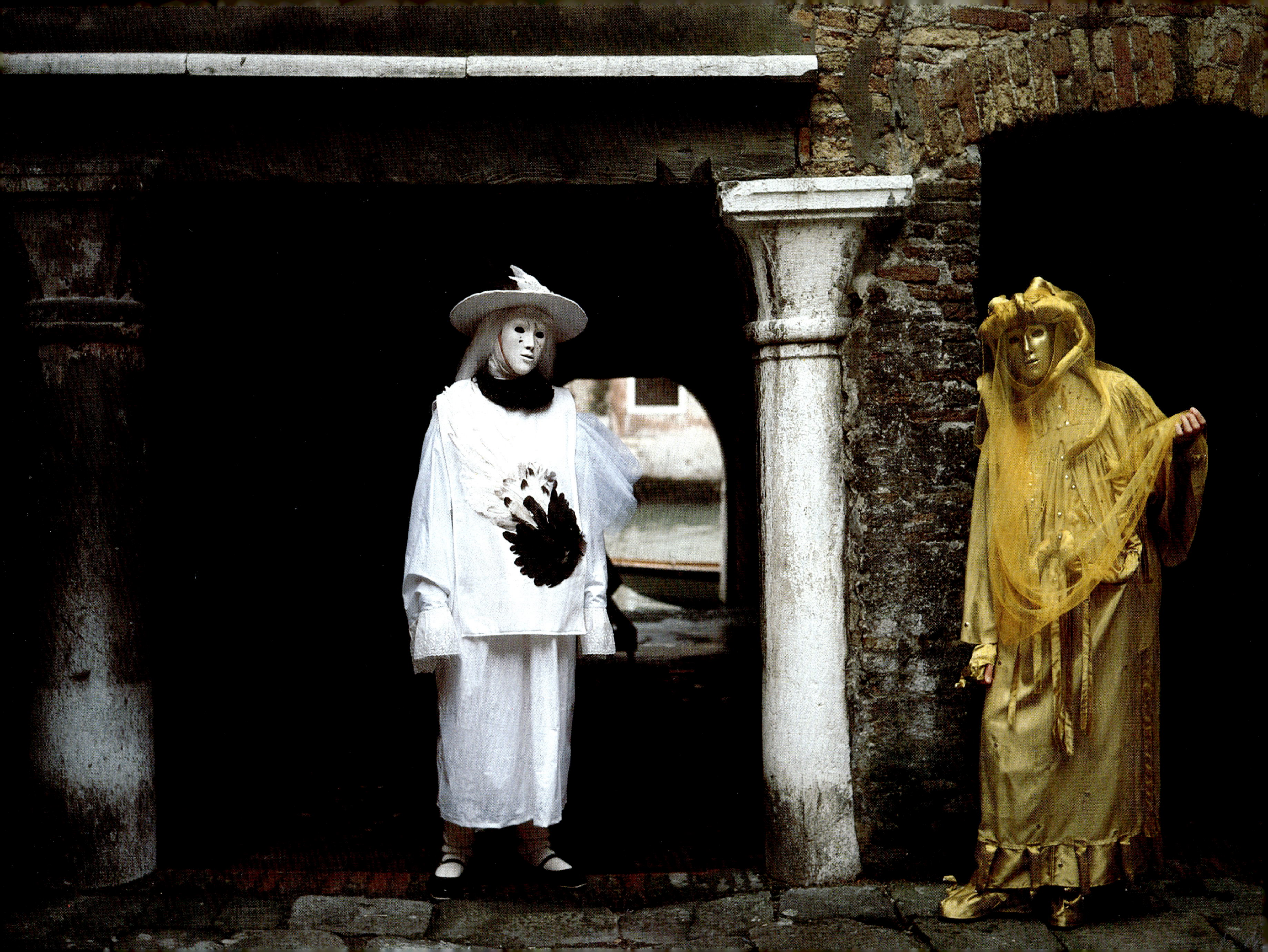

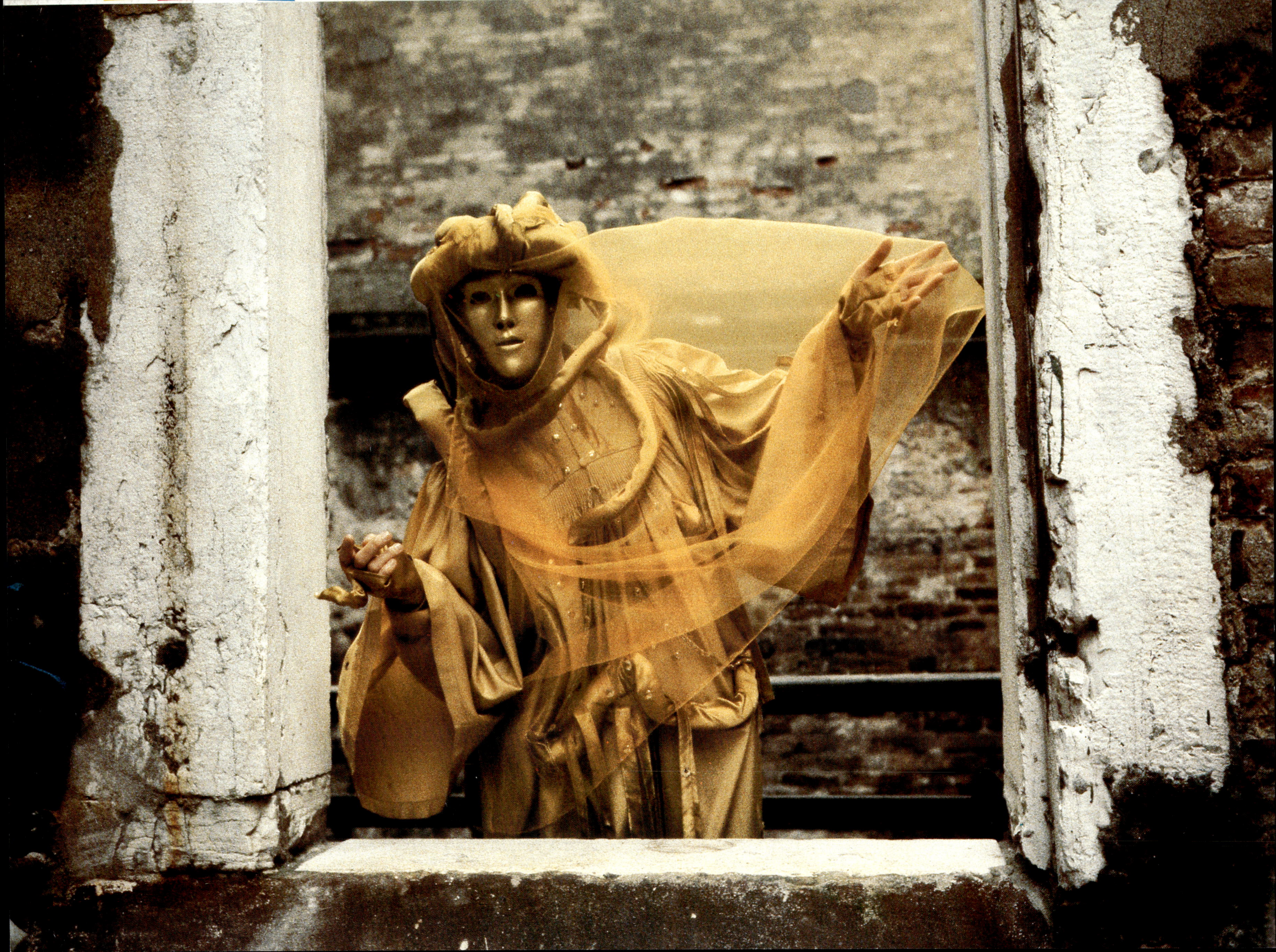

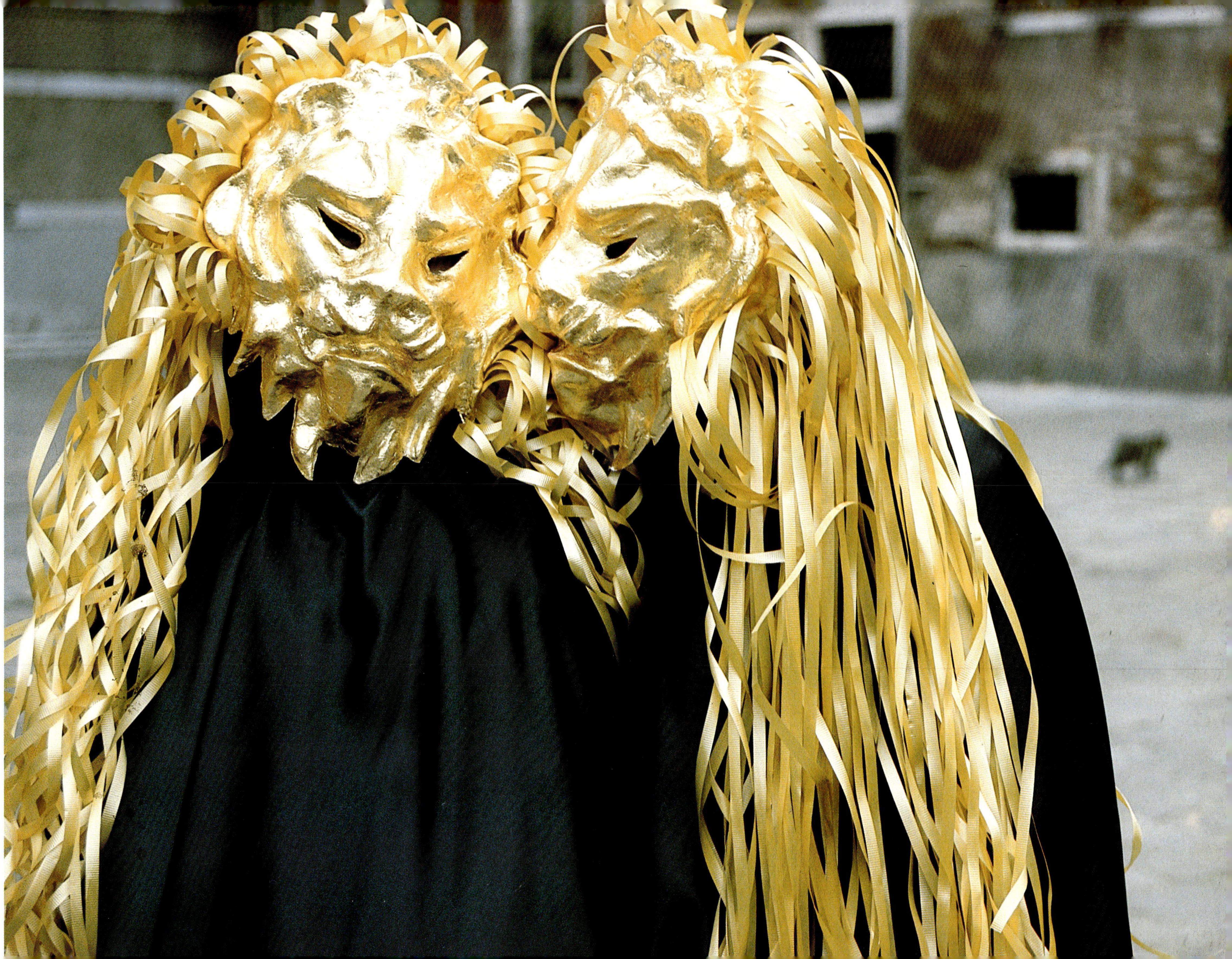

).11

12.13

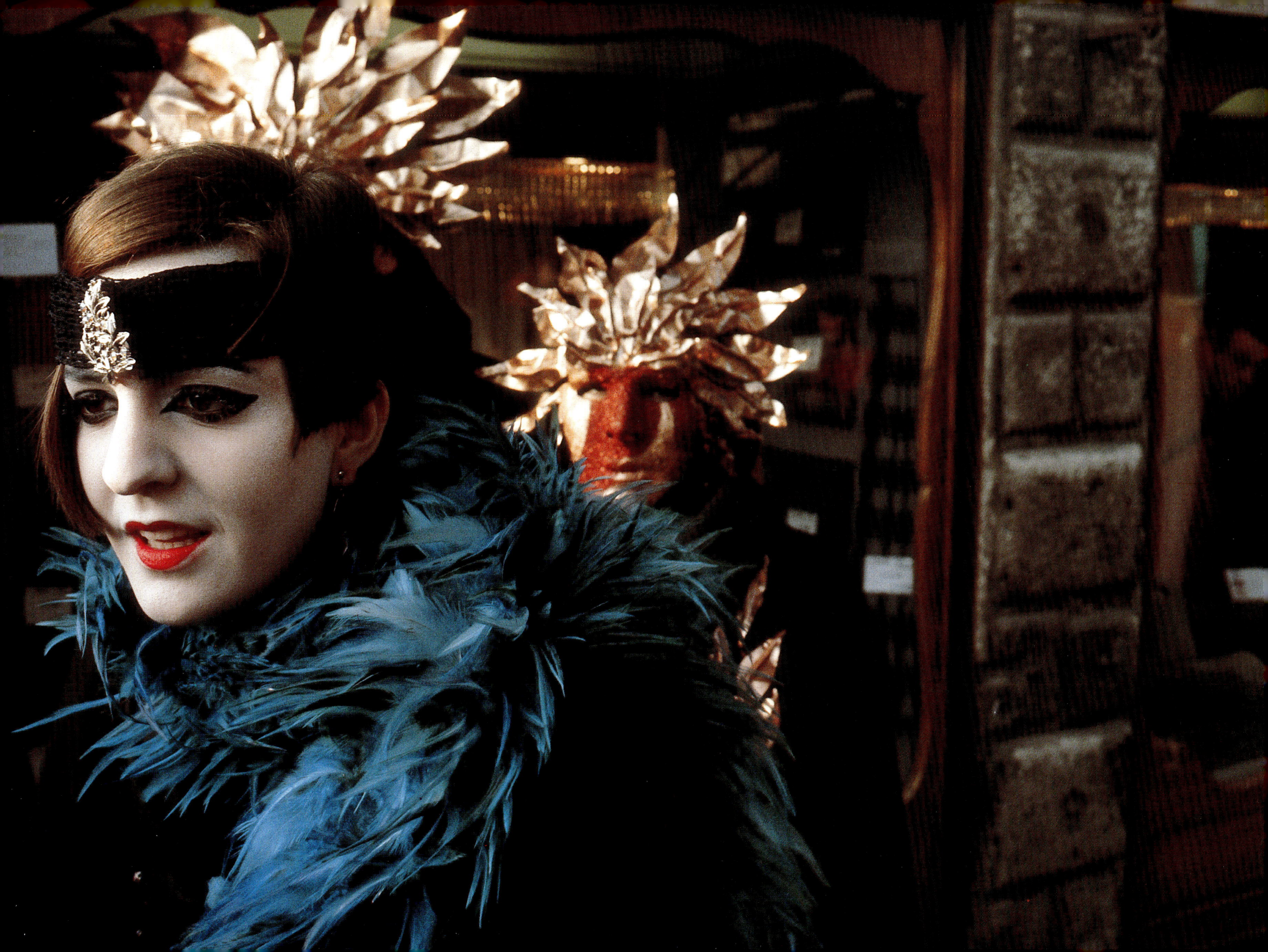

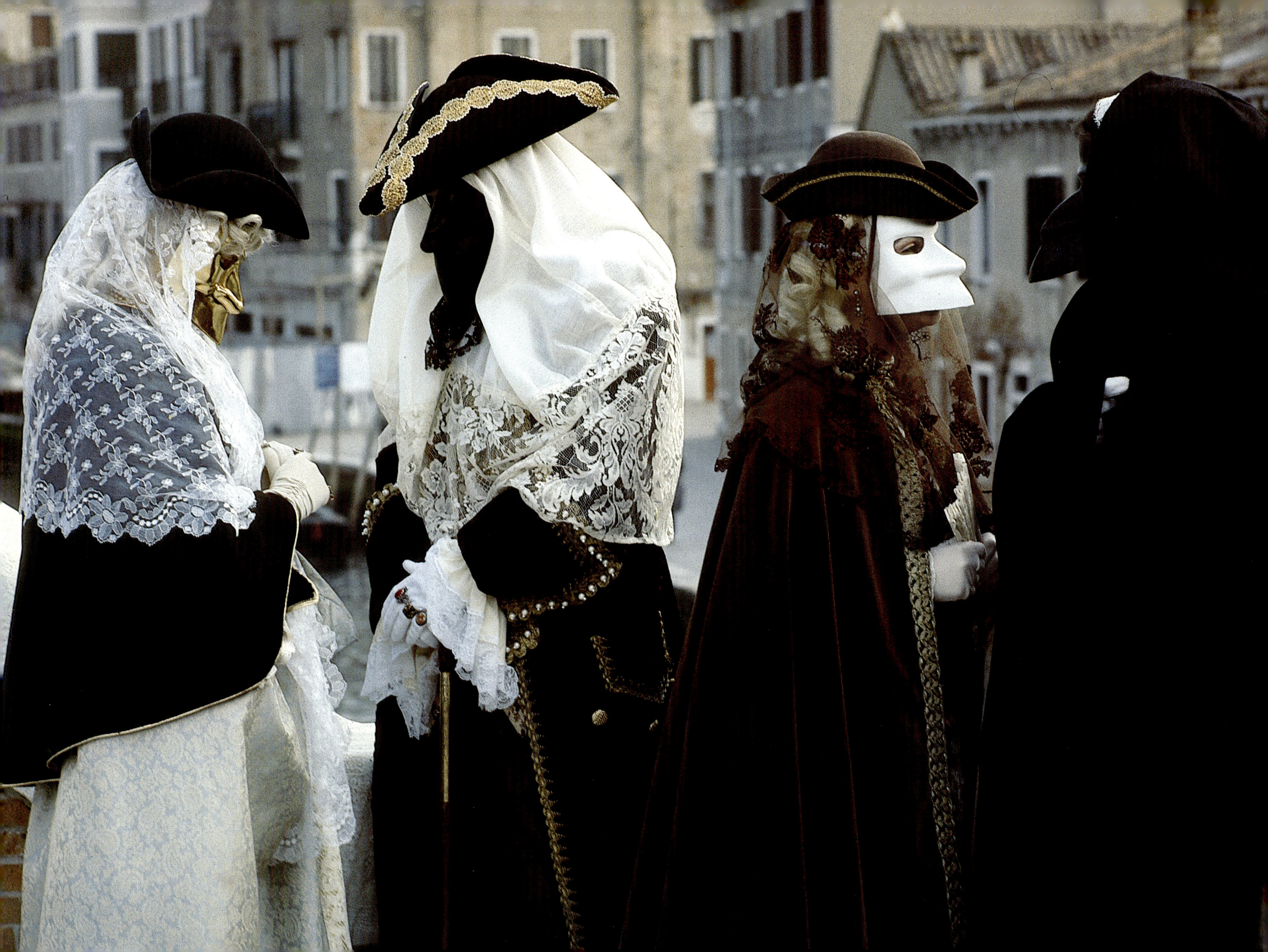

4.15

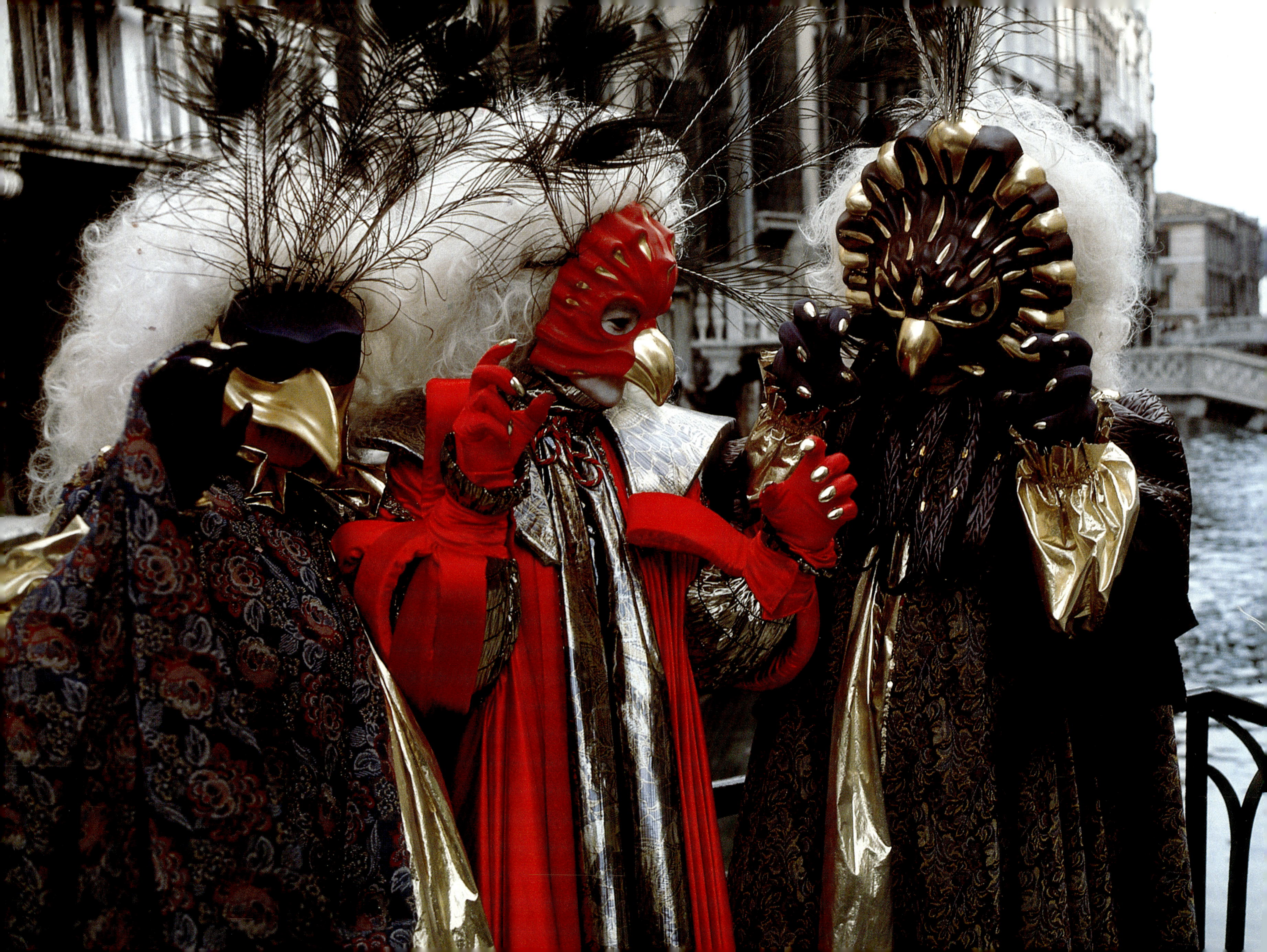

16.17

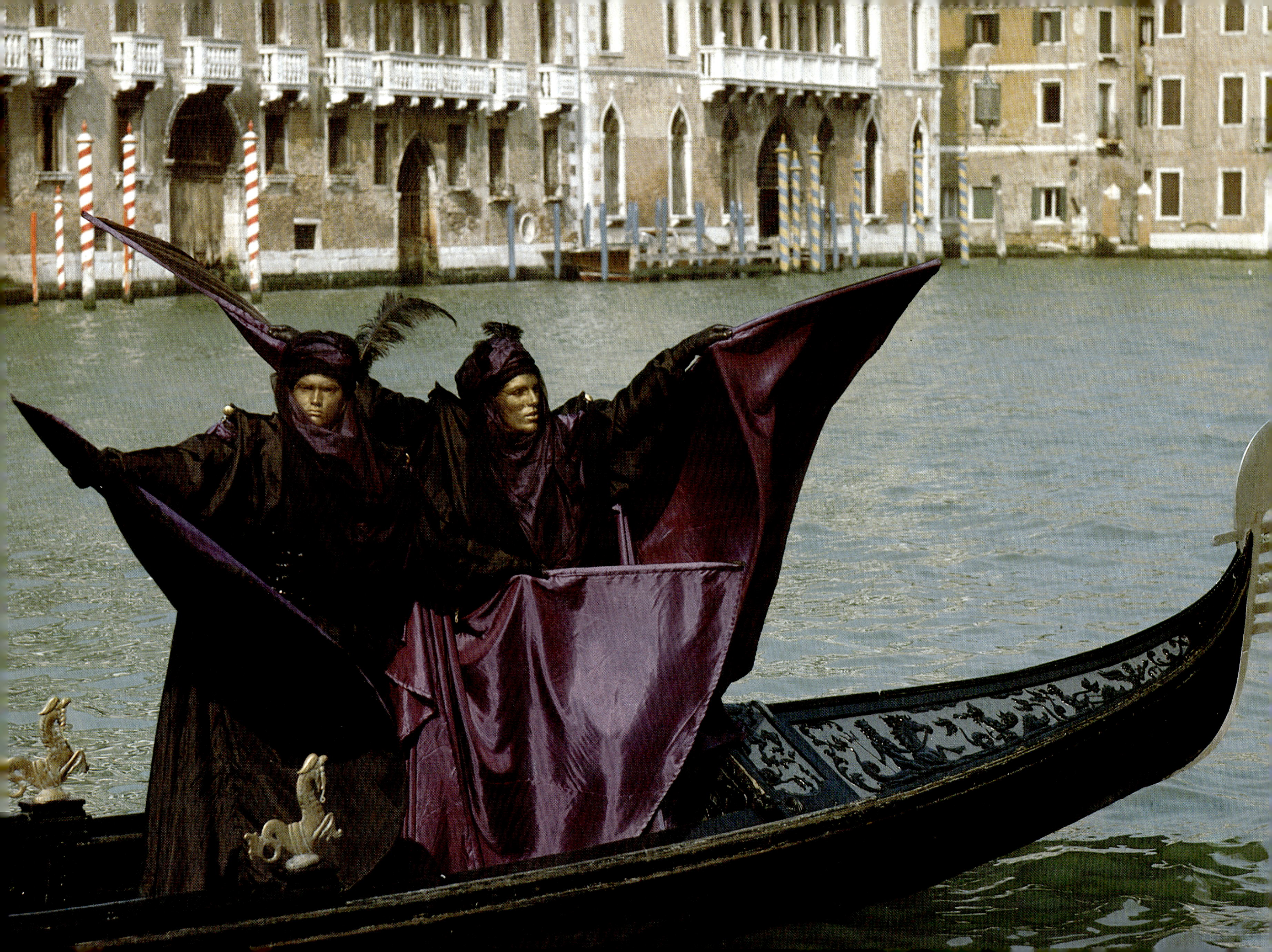

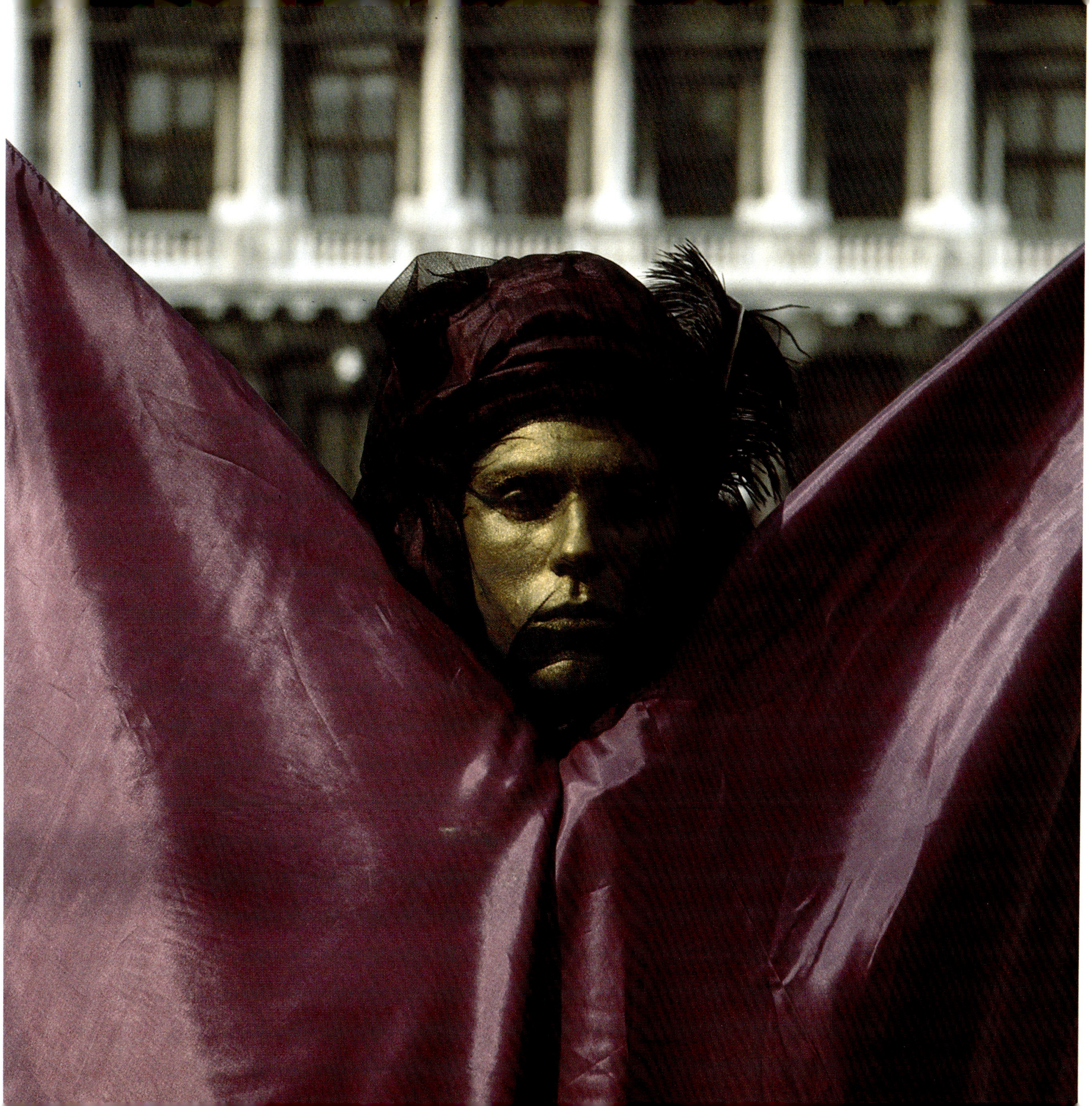

18.19

20.21

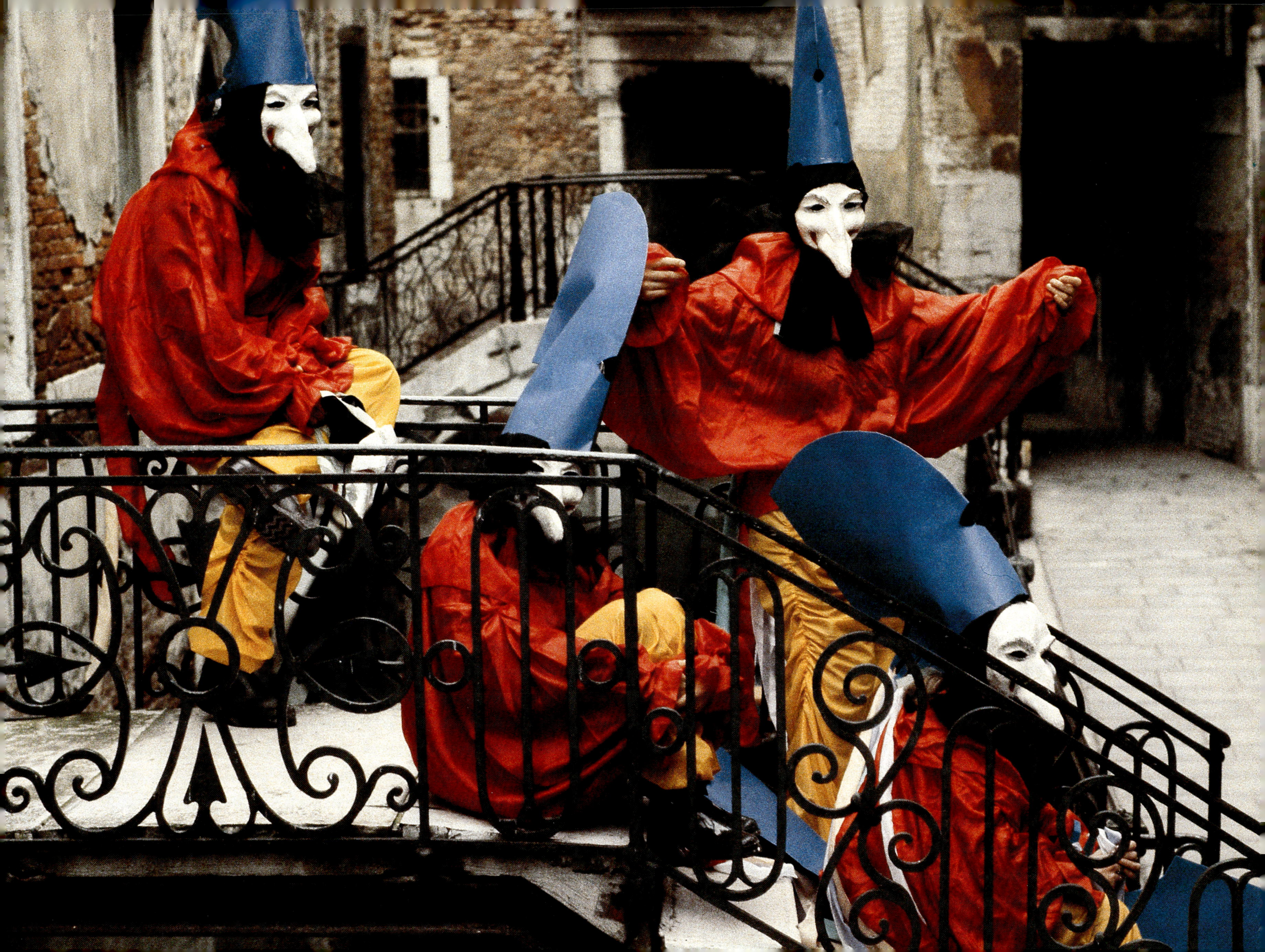

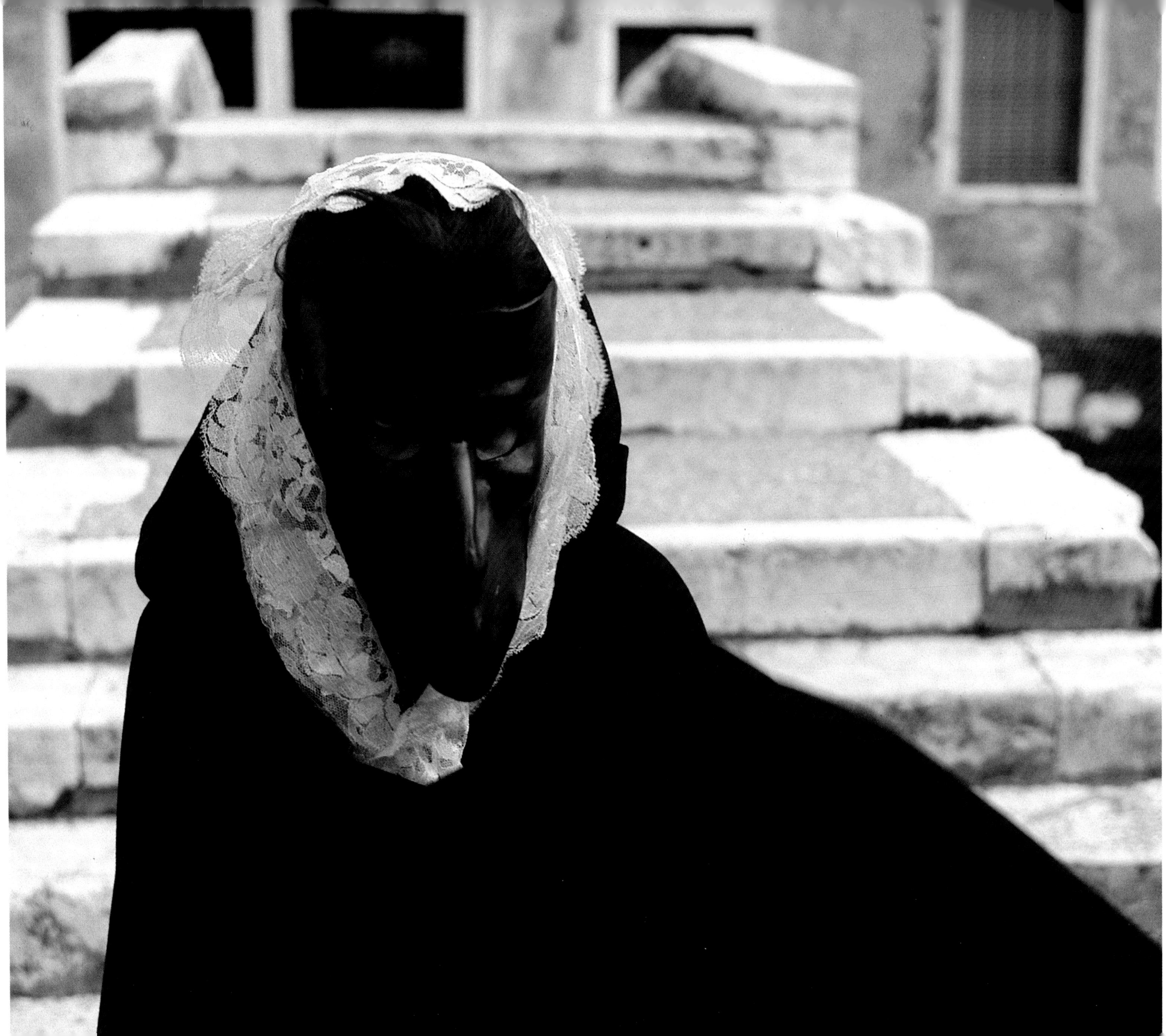

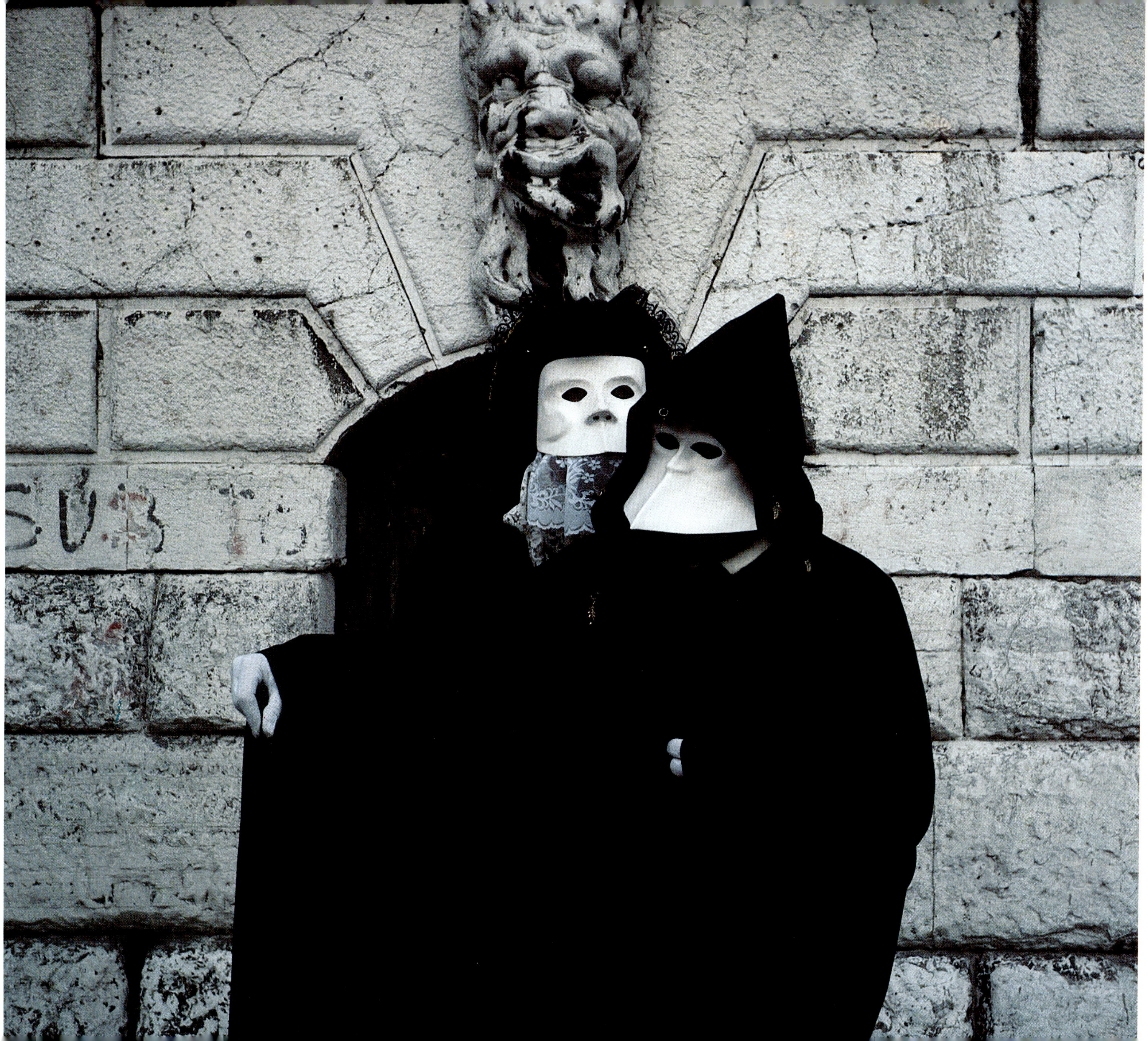

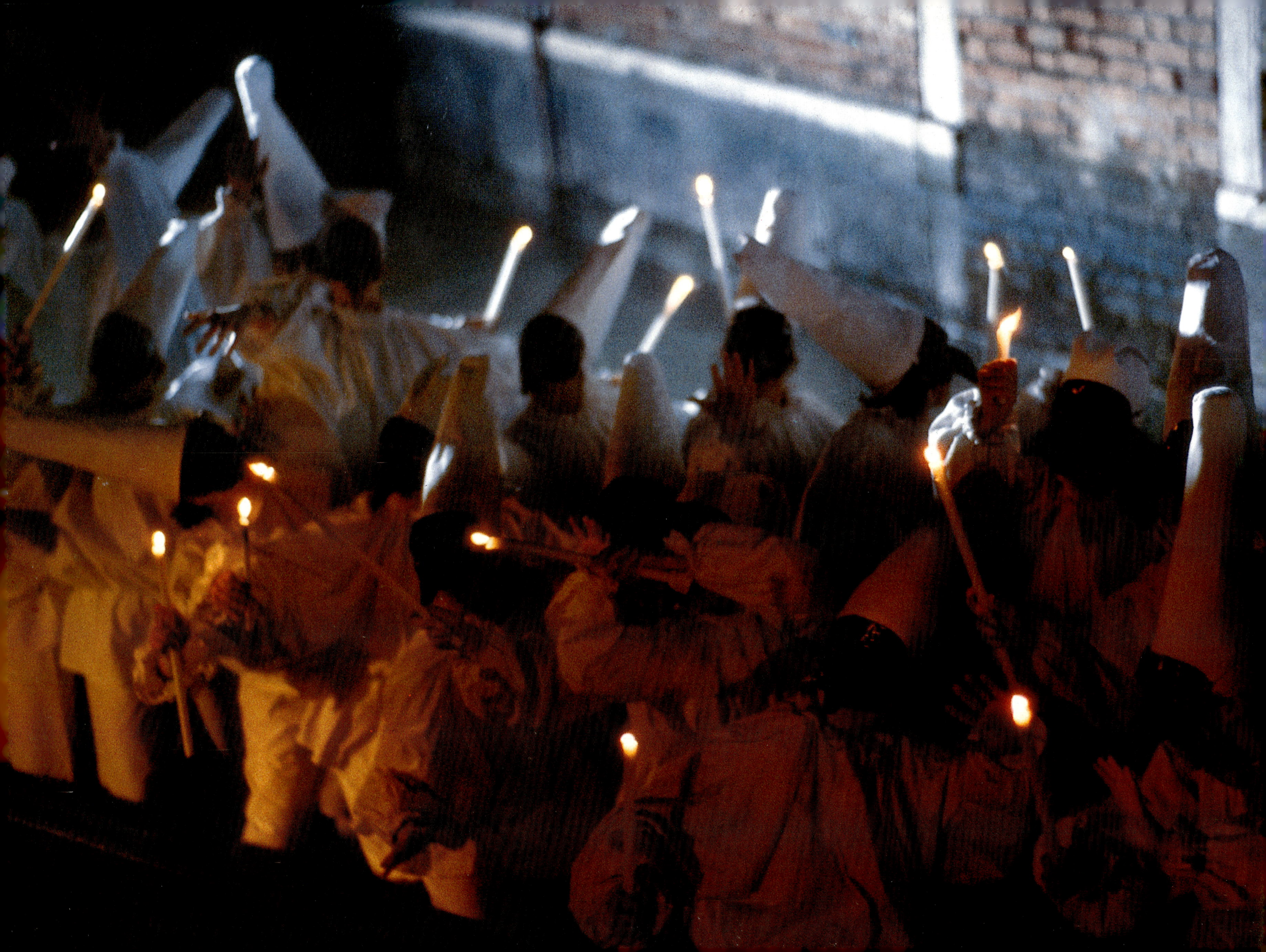

4.25

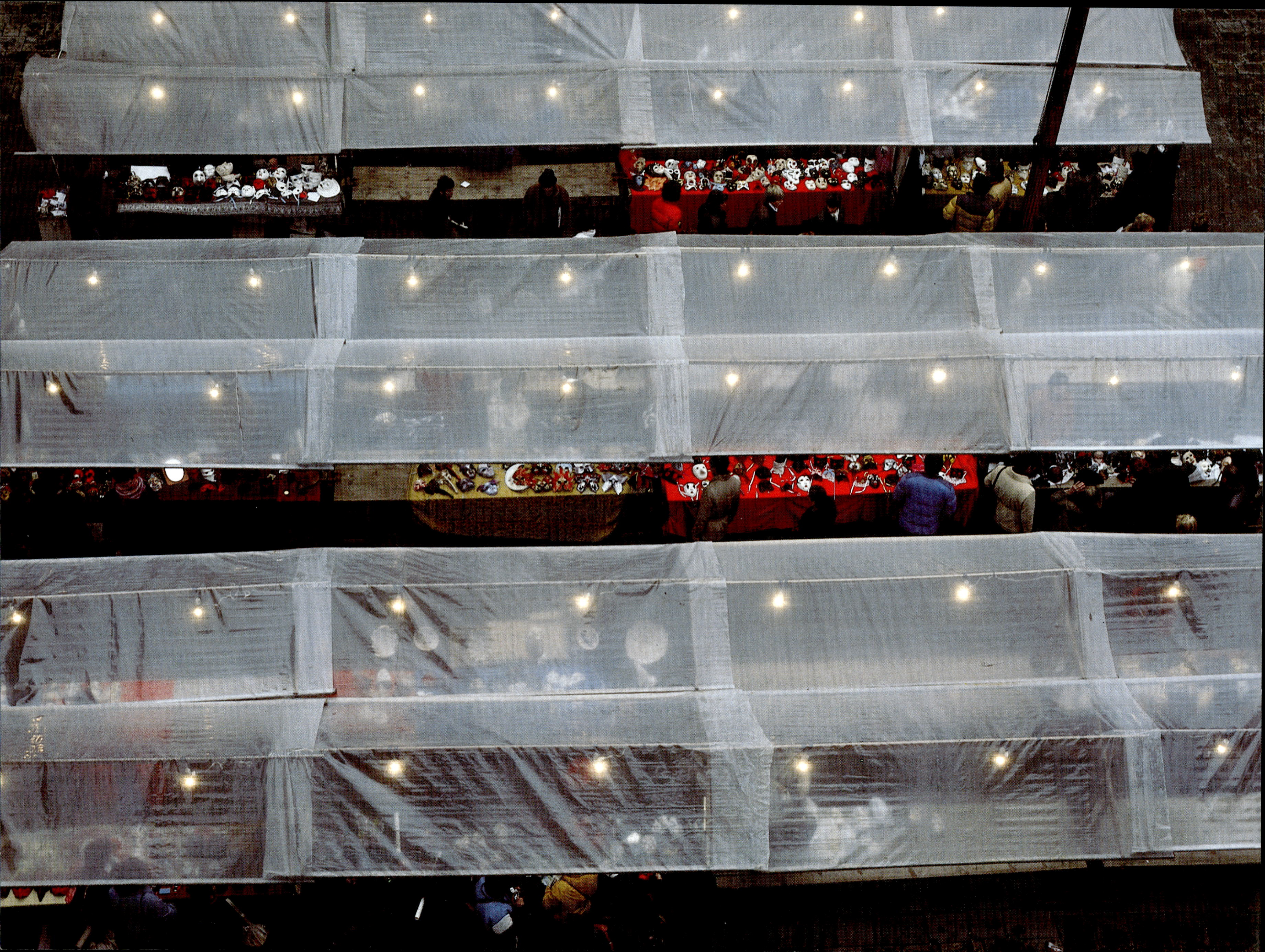

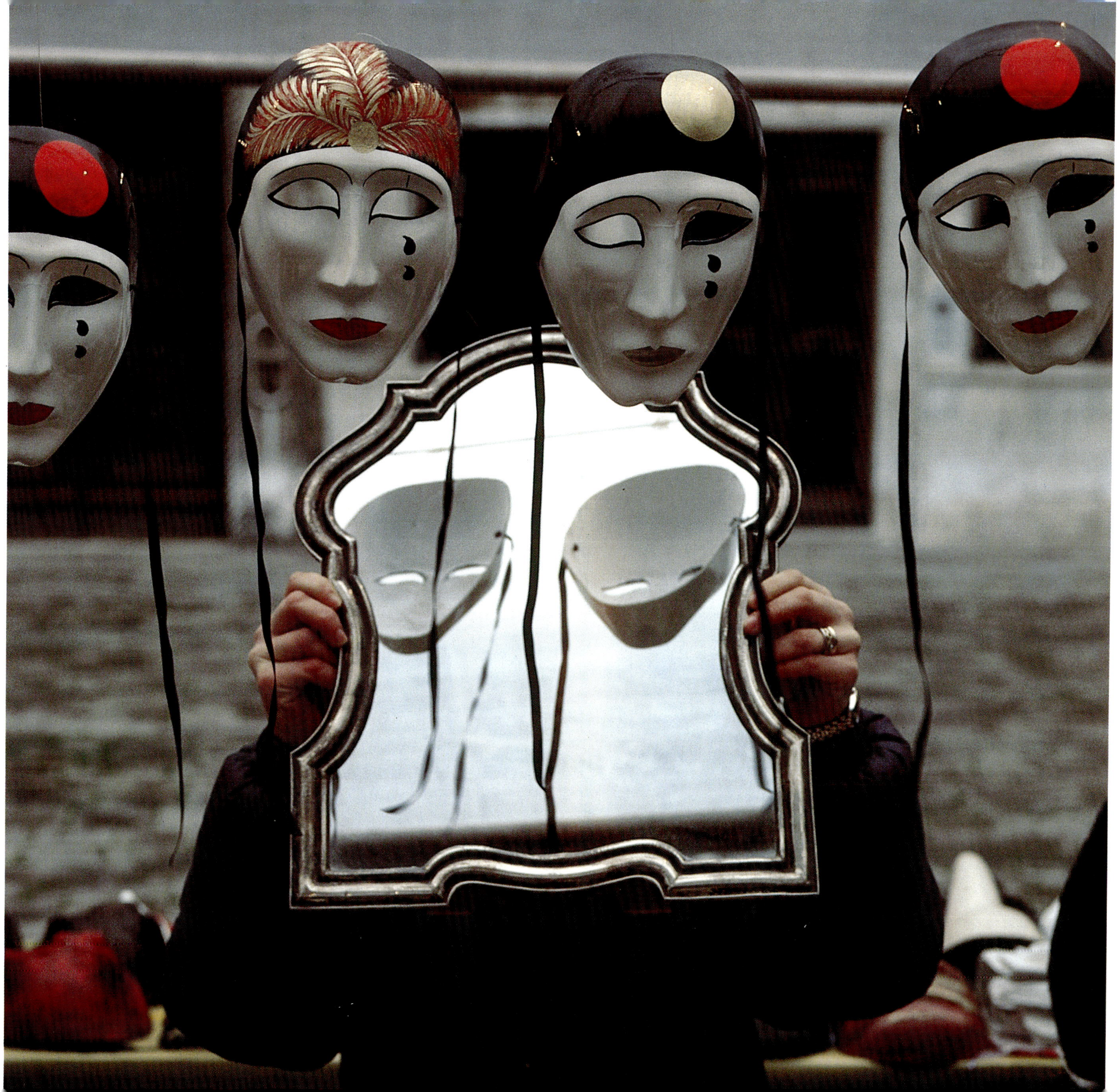

26.27

28.2

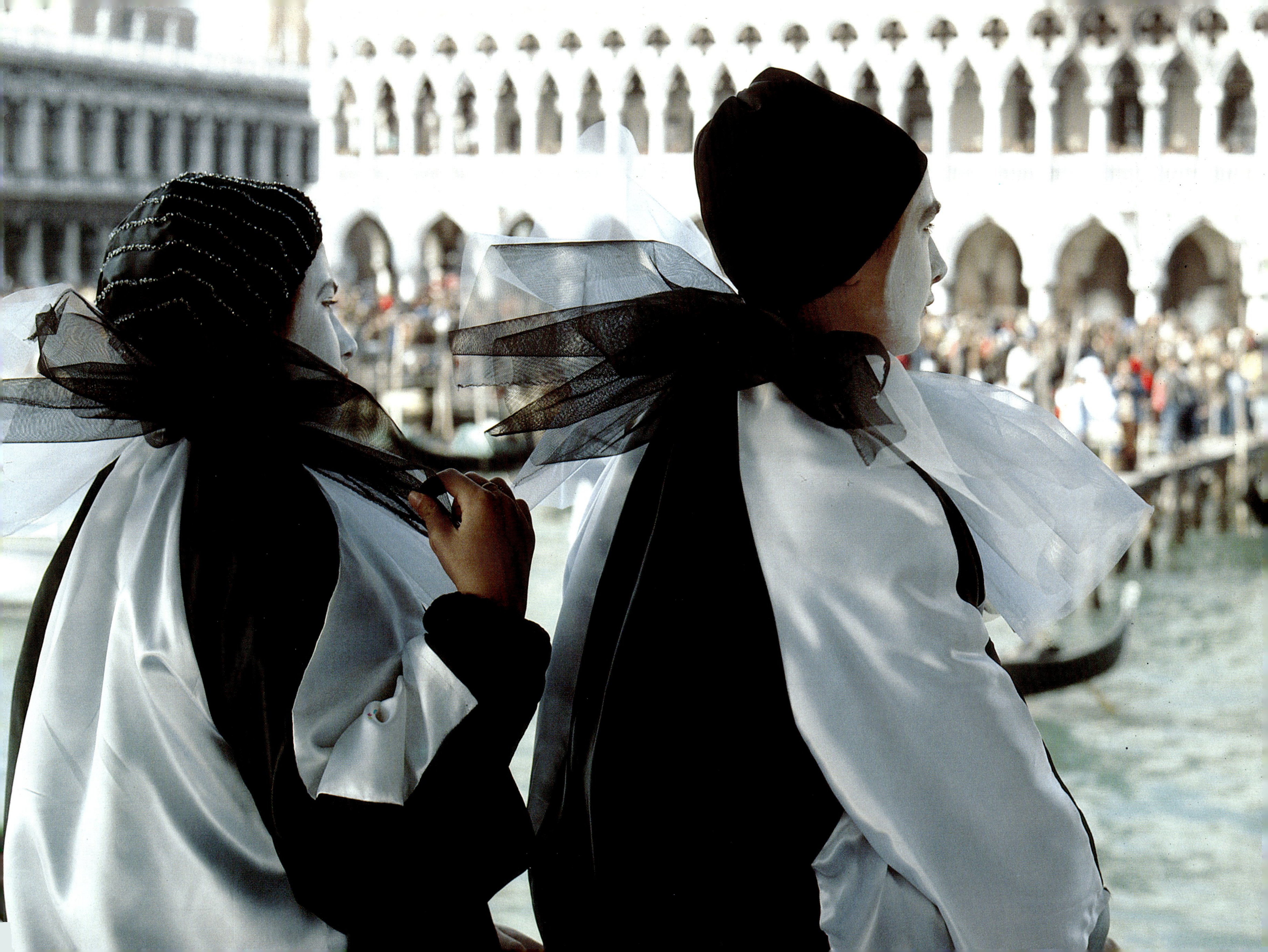

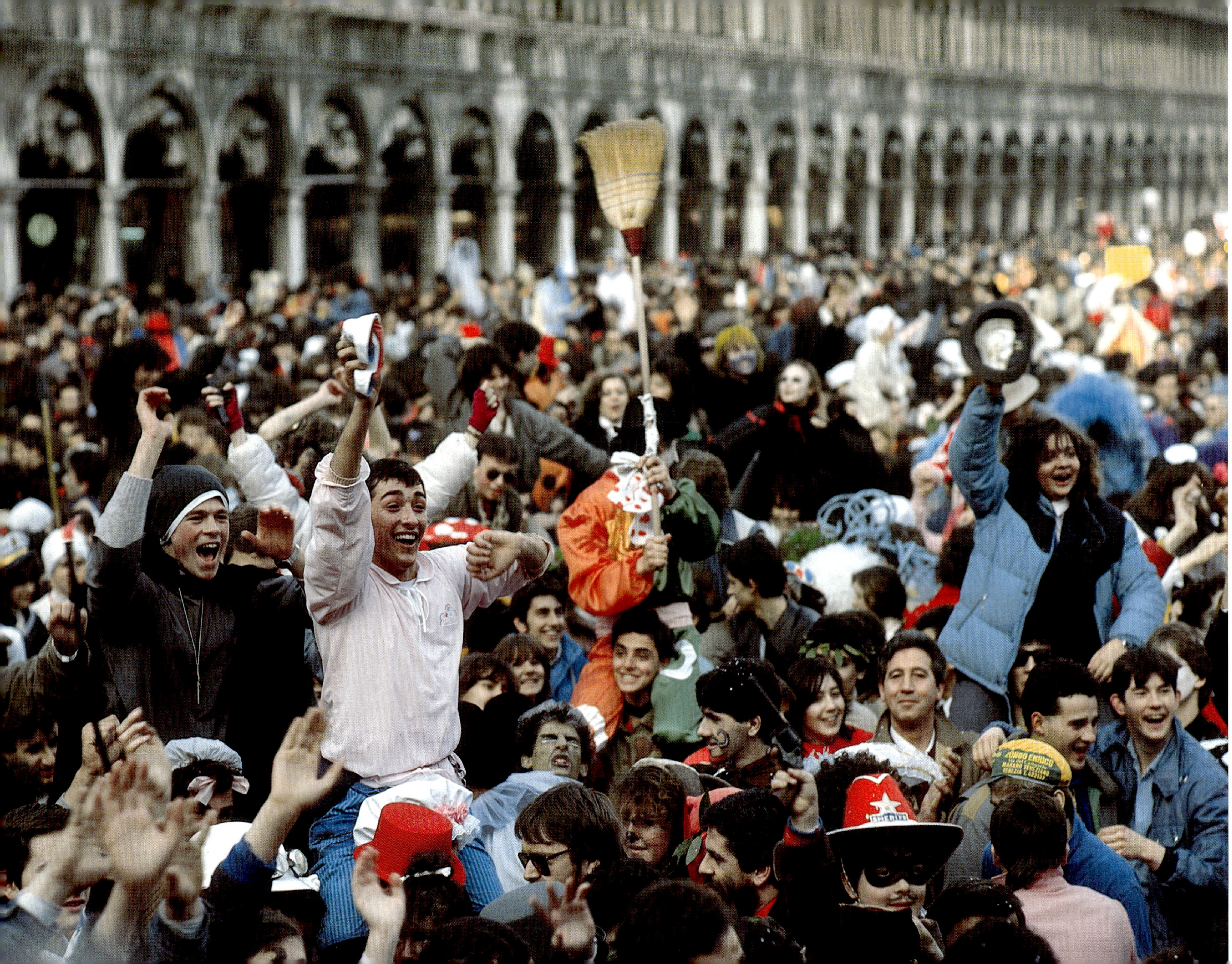

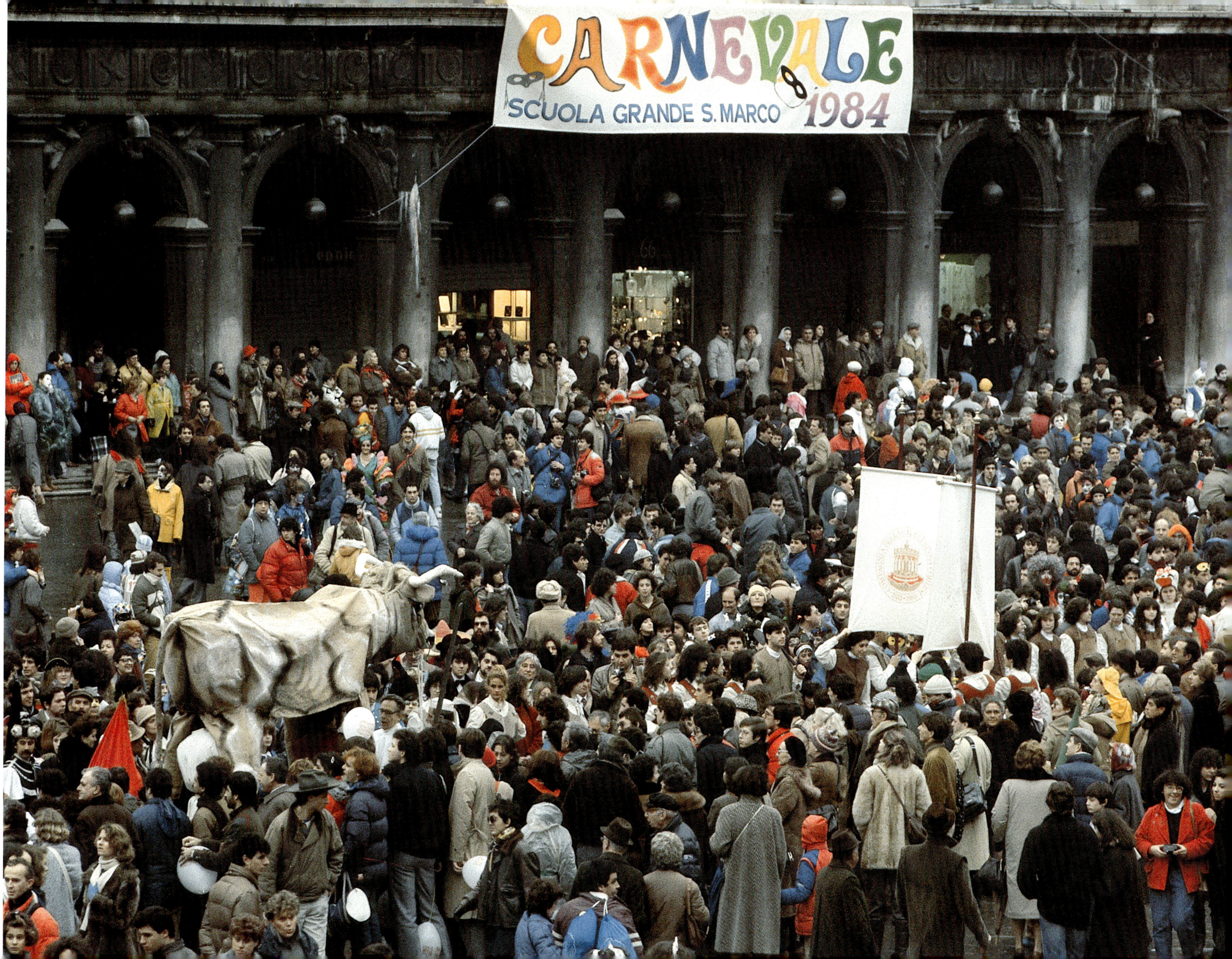
CARNEVALE
SCUOLA GRANDE S. MARCO
1984

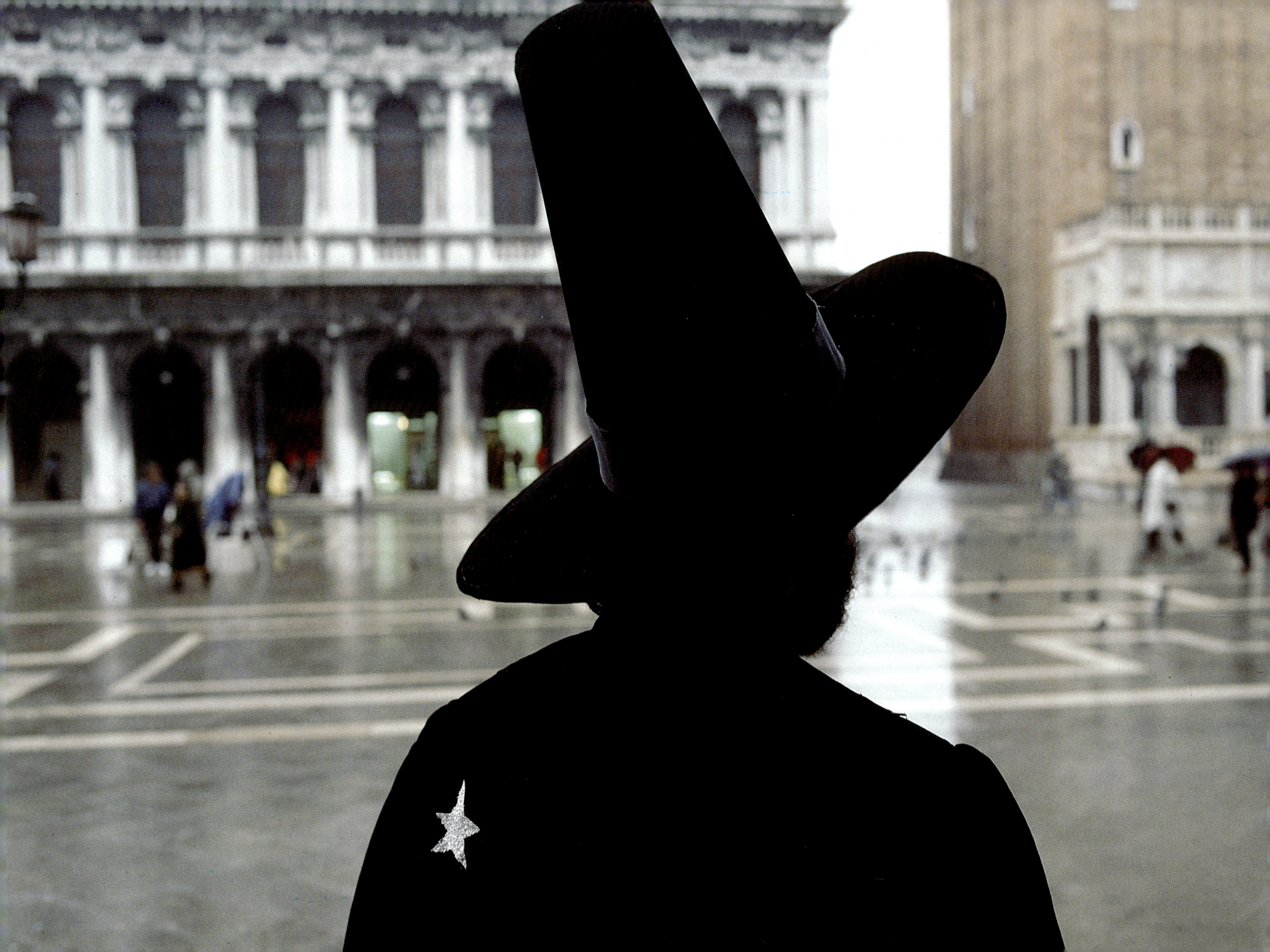

32.33

34.35

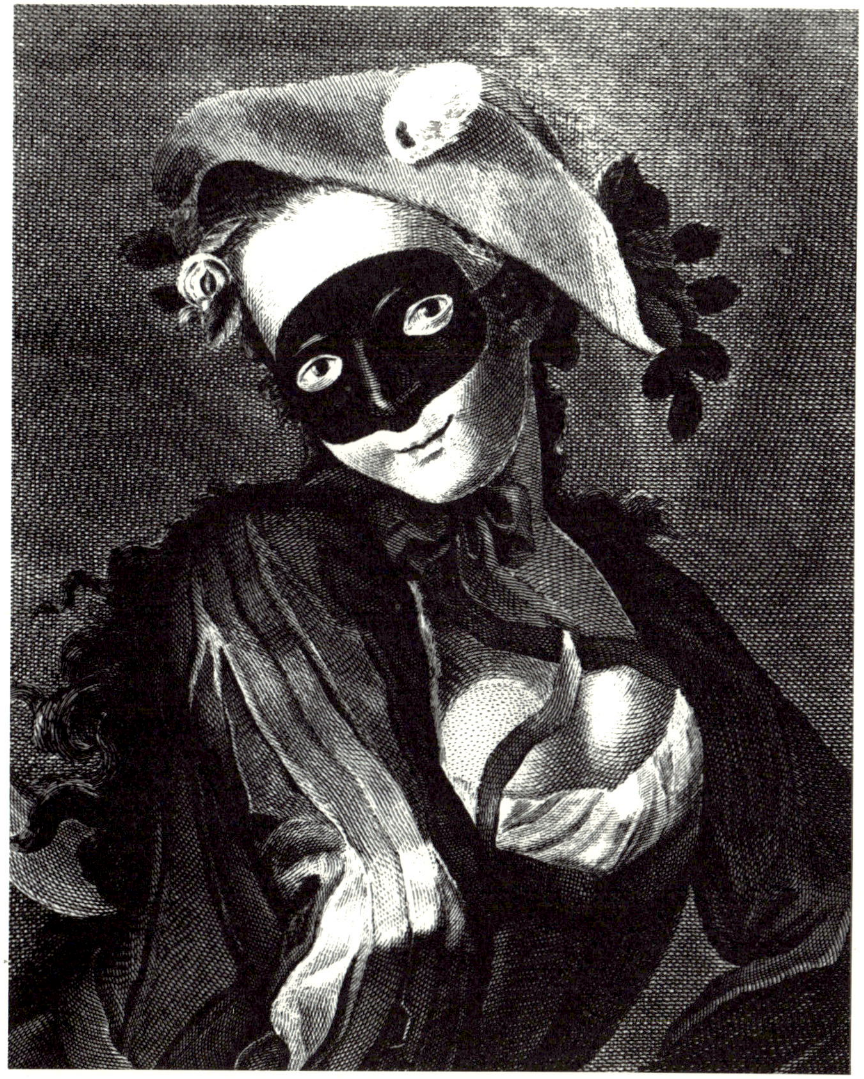

VENEDIG UND DIE MASKEN

von Manlio Brusatin

Der Karneval nimmt in Venedig scheinbar kein Ende. Er hält die Stadt beinahe das ganze Jahr hindurch in Atem. Das vermelden Durchreisende, teils erstaunt, teils belustigt, vor zweihundert Jahren.
Und tatsächlich, damals begann in dieser glücklichen Stadt der Karneval Mitte Oktober und dauerte bis zum ersten Tag der Fastenzeit. Aber auch die Zeit des Sommerbeginns war für die Venezianer Anlaß für ein ungefähr zweiwöchiges karnevaleskes Zwischenspiel. Zu diesen Zeiten war in Venedig alles maskiert. Und, wie der französische Gelehrte Charles de Brosses als Augenzeuge berichtet, *sogar der Pater Guardian der Kapuziner.*
Der junge Mozart stürzt sich 1771 in den Karneval von Venedig und findet in diesem maßlosen und überschäumenden Fest zwei große soziale Errungenschaften, die keine andere, Venedig an Macht und Reichtum gleichwertige europäische Stadt zu bieten hat: Nur in Venedig begrüßt jeder, wer immer er auch sei, eine Maske mit den Worten „Ihr Diener, Frau Maske!" und hebt damit augenblicklich jeglichen sozialen Unterschied auf. Die Maske scheint das traditionelle Herr-Diener-Bild umzukehren: Die Herren maskieren sich als Diener, die Diener als Herren. Die einen begrüßen die anderen mit größter Ehrerbietung, die anderen danken mit übertriebenen Gesten auf den Gruß. Diese, wenn auch nur zeitweilige, Verwirrung zwischen sozialen Klassen, ist begrenzt auf das bevorzugte Gebiet der kleinen und außergewöhnlichen Republik, der keine Revolution etwas anhaben konnte, nämlich Venedig.
Und die zweite Errungenschaft? Der Karneval vereint jung und alt. Er hebt damit Altersunterschiede und Verständnisschwierigkeiten zwischen den Generationen auf. Junge und Unbedeutende verkleiden sich als Greise und Mächtige, geben sich den Anschein von Autorität und Vernunft. Greise wollen jung erscheinen, verlieren sich in kindische Tollheiten, kindisches Lärmen und rufen, gleichsam beschwörend, die Vergnügungsparole aus: *Solo i morti xe veci!* (*Nur die Toten sind alt!*). Nicht genug damit, gibt es noch eine weitere Verwandlung: Frauen werden zu Männern und Männer werden zu Frauen. Soweit Mozart.

Was also bringt der Karneval zuwege? Er vollbringt das Wunder einer Metamorphose, ja er verändert sogar die drei Selbstverständlichkeiten, die unser ganzes Leben wie ein ausweglosen Schicksal verfolgen: Alter, Stand und Geschlecht. Diese Drei können miteinander spielen, sich umkehren, sich überschneiden, sich vermengen, sich austauschen und werden so auf die glücklichste Art und Weise gleichzeitig verschieden und doch identisch: Greise – Kinder, Arme – Reiche, Frauen – Männer. Das ist etwas, das zwar nur im Karneval geschieht, das aber auch das ganze Leben lang andauern kann für einen, der seine Maske nicht ablegen will.

In Venedig überlisten daher Tradition und Gebrauch der Maske nicht nur die äußerlichen Merkmale sozialer Stände, sondern auch die weit intimeren Merkmale von Charakter und Alter. Giustiniana Wynne, die kluge Freundin Giacomo Casanovas, hatte das Spiel durchschaut: Für sie war der Gebrauch der Maske immer eine zwar sanfte, aber wirksame Art des Sich-Anpassens, das so etwas wie einen scheinbaren sozialen Ausgleich mit sich brachte. *Das Volk denkt, die Ähnlichkeit der*

Kleidung mache es zu Ebenbildern seiner Herren. Durch solch unschuldigen Scharfsinn betrogen, glaubt es, keinen Herren zu haben, sobald es eine Maske auf dem Gesicht trägt!

Venedig gebrauchte zur Unterstützung seiner bald lockeren, bald strengen Art zu regieren, die sich auf Enthüllen und Verbergen gründete, immer die Maske: Sie bietet sich an als äußerliches Sinnbild der schönsten Stadt der Welt – sie verweigert sich gleich einer unerreichbaren Schatzkiste, die Geheimnis und Tod beinhaltet.

Der Gebrauch der Maske trug somit bei zur Stabilität der venezianischen Herrschaft, die immerhin tausend Jahre angedauert hat. Eine Herrschaft, die Anhänger und Gegner hatte, von Machiavelli bis Bodin und bis hin zu Casanova, Verteidiger und Opfer unumschränkter Gewalt der doppelbödigen Macht, die sich maskiert, um sich zu enthüllen.

Dauer und äußere Umstände des Karnevals scheinen die produktive Zeit wirtschaftlicher Harmonie zu schädigen. In Wahrheit dienen sie jedoch auch der beispielhaftesten und aufgeklärten Regierung

dazu, den Pakt zwischen Herrschenden und Beherrschten in einem sozialen Vertrag der reziproken Wünsche zu festigen: herrschen und gehorchen. Dies ist das einzige und wahre befriedigende Ergebnis von Austausch und Verquickung sozialer Stellungen. Wenn der Diener sich unter die Herren mischt, sich in Wahrheit aber mit dem Herren vereint. Wenn der Herr – in gewissen Zeiten – zum Diener der öffentlichen Meinung wird. Einer öffentlichen Meinung, die Gelegenheit findet, sich nicht mehr in gebührender Ehrfurcht ausdrücken zu müssen, sondern sich eher zum Vergnügen artikuliert, wie in einem Lottospiel – man nehme nur den modernen Wahlkampf!
All diese Auswirkungen moderner demokratischer Kräfte steckten damals noch in ihren Anfängen. Deshalb wird Napoleon, als er, mit dem immerwährenden Karneval, diesem willkürlichen und gefährlichen Durcheinander der Mächte konfrontiert, vorsichtig außerhalb der Stadt verweilt, drohend ausrufen: *Ich werde ein Attila für Venedig sein!*
Historiker und Chronisten vermerken, daß der letzte Karneval der Serenissima, der des Jahres 1797, zugleich der unwiderstehlichste und entfesseltste war. Aber man weiß ja, daß die gelungensten Feste unmittelbar vor oder nach überstandenen Katastrophen stattfinden.
Im 18. Jahrhundert verteilt sich der venezianische Karneval nicht nur auf die sieben Theater der Stadt, Venedig selbst wird zur Weltbühne. Und mit Napoleon stoßen zwei gegensätzliche Prinzipien aufeinander, die Gestalt angenommen haben: Masken und Soldaten.
Es gibt nichts Betrüblicheres und Tragischeres als ein Maskenfest, das durch eine Horde Bewaffneter unterbrochen wird oder ein Feuerwerk, das durch regelmäßiges und trockenes Knallen von Gewehrschüssen gestört wird.
Eine ähnliche Szene habe ich 1980, am Ende des ersten der Nachkriegskarnevale, erlebt. (Dies ist der erste von denen, die wir in diesen fotografischen Eindrücken zeigen.) Die letzten Masken, die verrücktesten und ausgelassensten, wollten gegen das ausdrückliche Verbot der Polizei auf der Piazza San Marco ein riesiges Feuer abbrennen, das allerdings durch seine Größe alle erlaubten Gren-

zen gesprengt hätte. Daher griffen Wachen ein. Sie drangen auf die Piazza vor und stürzten sich auf die Masken, die wiederum unbeweglich, mit brennenden Holzscheiten in der Hand, auf ihren Plätzen blieben. Der Zusammenstoß war unsinnig und wirkte pathetisch, schien ein irrealer Beweis für verkehrte Ordnungen. Die Ordnungshüter wollten den Platz einnehmen, den die Masken erobert hatten. Die bunten Uniformen der Wachen waren die gleichen, die die Maskenträger, in geradezu lächerlicher Werktreue nachgemacht, ebenfalls anhatten. So verfolgten maskierte Gendarmen echte und umgekehrt. Dieses Durcheinander war nahe der Eskalation. Plötzlich standen sich Gendarmen und Masken unbeweglich gegenüber. Und letztlich – so glaube ich – erkannte man sich: die einen ungewiß, ob man Befehle übertreten sollte, die anderen unsicher, ob man sich auf die Befehlsverweigerer stürzen sollte – das Ende des „Karnevals" war nicht abzusehen.

Der Karneval war erst zu Ende, als Gendarmen und Masken gegangen waren. Die Piazza San Marco lag still und verlassen da und begann damit, die umherliegenden Papierhaufen, die nach dem Fest zurückgelassenen und zerstörten Körpern glichen, mit Feuchtigkeit zu durchsetzen und zu verdauen. Wenn man auf dem kleinen Schlachtfeld, das eine Piazza nach dem Karneval letztlich ist, auf und ab geht, so findet man dort die seltsamsten Dinge ... auch sich selbst.

Aber um das gesamte Spektakel zu verstehen, müßte man sich wenigstens wenige Augenblicke lang auf die Fastenzeit und die morgendlichen Stunden des Aschermittwochs besinnen und das Fest verlieren. Sich am Ende aber von allem abzusetzen, ist nicht statthaft, würde Verdacht erregen. Denn sobald das Vergnügen Formen ernsthafter Arbeit annimmt, ist es niemandem mehr gestattet, sich zurückzuziehen, nicht einmal hinter das Auge eines Fotoapparates. Es ist einfach nicht erlaubt, nicht einmal in den Erholungsphasen des Karnevals gestattet, gegen das Treiben Widerstand zu leisten.

Bis hierher sind die Deutungen und sozialen Verquickungen der Masken, die sich im Rhythmus dieses faszinierenden Festes entschleiern, relativ einfach.

Doch die Maske ist in Venedig mehr. Montesquieu sagt, in Venedig sei die Maske mehr noch als Verkleidung ein „Inkognito". Das Volk kann sich am Spiel der Macht ebenso vergnügen wie am etwas subtileren und harmloseren Spiel des Alters- oder des Geschlechtertausches.
Die Maske kann auch unrealistische Wünsche unserer kindlichen Phantasie erfüllen: z. B. „unsichtbar" werden. Mit einer so besonderen Maske, wie die „Bautta" (venezianische Halbmaske, zu Umhang mit Kapuze oder Dreispitz getragen) eine ist, kann man, auch inmitten einer großen Menge stehend, sich dieser einfach entziehen: Man wird von niemandem erkannt, man kann ungesehen vor aller Augen vorübergehen. Man kann sich überall sehen lassen, ohne gesehen zu werden – obwohl man gesehen wird. So erreicht man die absurde Metapher, die einen entschleiert, indem sie einen versteckt und einen versteckt, indem sie einen enthüllt. Denn die „Bautta" kann sich mit unzähligen anderen Gesichtern vervielfältigen, kann sich verdoppeln und verdreifachen, um sich schließlich unendlich, wie in einem System sich

drehender Spiegel, darzustellen, die das Bild dermaßen reflektieren, daß es sich in einer Menge von Bildern verliert, die einander ähnlich sind, wie ein Wassertropfen dem anderen. So verliert man sich in vielen „Imaginationen".

Die „Bautta" ist natürlich sowohl männlich als auch weiblich, sowohl alt als auch jung, sowohl Einheimische als auch Fremde. *Eine höchst seltsame und unbequeme Sache schien mir diese Maske zu Beginn*, meint Heinrich Wanton, ein Besucher Venedigs, *jedoch der längere Gebrauch der Maske ließ mich sie bald nicht nur vertragen, sondern letztlich sogar genießen.*

Es ist nicht einfach, die „Bautta" richtig zu handhaben. Sie kann wunderbar, aber auch grausam sein – denn sie kann zum Gesicht werden.

Die „Bautta", dieses gleichförmige wandelbare Antlitz, zu ergründen, scheint unmöglich. Sie ist ein Gesicht der karikierten Leidenschaft, ohne eine Spur von Augen oder Mund: Doch die Augen, die sich dahinter sichtbar bewegen, erlangen melancholische Tiefe und können weise werden, auch wenn sie noch so unwissend sind, geheimnisvoll wirken, auch wenn unschuldig, anziehend, auch wenn ausdruckslos, hart, auch wenn flehend, voll, auch wenn leer.

Die Stimme klingt nicht so dumpf und erstickt wie unter irgendeiner anderen Maske: Jeder Ton scheint wahr, auch wenn er verfälscht ist, nimmt hohlen Klang an, so schrill er auch sein mag, wird rund und tönend, auch wenn er von einer unangenehmen, nicht auszumerzenden Nasalität ist. Mit dieser Stimme kann man genauso am wildesten Karneval teilnehmen wie auf Knien um milde Gaben bitten.

Ein Dreispitz bedeckt äußerst karikierend die „Bautta" und übertreibt die Wirkung der „Nasenlippe" noch so weit, daß sie nahezu aussieht wie die ausgestreckte Zunge eines unheilbringenden Chamäleons. Ähnliche „Schnabelgesichter" finden sich in der sensationell unruhigen Revue der grotesken Grimassen des theresianischen Bildhauers Franz Xaver Messerschmidt. Der Künstler litt unter schweren psychischen Störungen und gestaltete seine zahlreichen „Charakterköpfe", die in einem eigenartigen Grenzgebiet zwischen Physiognomik

und bildender Kunst angesiedelt sind, in Phasen heftiger seelischer Krämpfe. Diese einzigartige und kuriose Sammlung ist heute im Barockmuseum der Österreichischen Galerie im Belvedere in Wien zugänglich.
Die sogenannten Masken des italienischen Theaters bleiben verboten, verkündete eine unwiderrufliche Verordnung Napoleons im neunten Jahr der Revolution. Damit gedachte Napoleon das Tragen der Masken in Venedig zu unterbinden. Er wollte das Prinzip der verrückten Freiheit nicht akzeptieren, das sich zwangsläufig in einer Stadt verbreitet, die ununterbrochen – in einem ewigen Karneval – maskiert ist. Der Karneval müsse schöpferische Zeichen setzen, er könne sich nicht permanent in einem gegenseitigen Wechselspiel zwischen Dienern und schuftigen, parasitären Herren abspielen, könne nicht alle verfügbare Zeit in Anspruch nehmen und zur totalen Beschäftigung ausarten wie etwa Arbeit. Das Schöpferische der neu zu gestaltenden Feste wiederum könne nur als Belohnung ehrenvoller und beständiger Dienstleistung gewährt werden. Darüber hinaus habe jeder sein Vertrauen in die anderen dadurch zu beweisen, daß er sein Gesicht ohne Maske zeige, zugleich mit dem guten Willen eines Arbeiters, Bürgers und Soldaten.
In seinem „Candide" war Voltaire bereit zu wetten, daß sich im Karneval von Venedig die pensionierten Monarchen der Welt trafen und auf einen Thron hofften, den sie nicht mehr von oben beanspruchen konnten, sondern den sie sich von unten her verdienen mußten.
In den Karnevalen nach der napoleonischen Zeit spürt man noch die beiden Antipoden, die einander verfolgen, auch über ihre Zeiten und Spuren hinweg: die Französische Revolution und den Karneval von Venedig. Die Gegensätzlichkeit ist so offensichtlich und in ihrer Ernsthaftigkeit beinahe so komisch wie die Episode vom Kampf zwischen Gendarm und Maske: Die Maske beleidigte die Macht, die Macht benötigte die Maske.
Hatte Goethe recht damit, daß am Aschermittwoch 1787 *alle Narrheit vorüber* war?
Die letzten und strahlenden Karnevale des alten Venedig kündigten zwischen den Rauchwolken bereits die industriellen Revolutionen an. Weisen

die enthusiastischen und prächtigen heutigen Karnevale, die seit 1980 in Venedig wiedererstanden sind, gleichfalls auf große Veränderungen hin? Was vor uns liegt, können wir nicht wissen. Wir wissen nur, daß die heutigen Karnevale das Ende der Industrialisierung anzeigen und gleichzeitig auf das nachindustrielle Zeitalter hinweisen. Wir haben bereits gesagt, daß die wahren Karnevale vor und nach großen Ereignissen stattfinden. Die heutigen Karnevale setzen neue Impulse des Wollens, leuchtende Fragmente einer neuen Ästhetik, schillernde Farben eines Ver-Rücktseins. Dadurch erwacht die Maske zu neuem Leben: aus seelenloser Seele, ohne Zunge, stumm und sprechend, Mensch und doch nicht Mensch, ernst und heiter, lachend, wenn wir lachen, weinend, wenn wir weinen, singend, wenn wir singen, auch wenn sie weder sprechen noch schweigen, weder lügen noch die Wahrheit sagen kann – wir haben sie wachgerufen, da sie durch unseren Atem atmet, mit unserer Zunge spricht, durch unser Leben erst lebendig wird, unser Antlitz besitzt, ohne unser Gesicht zu sein . . . die Maske!

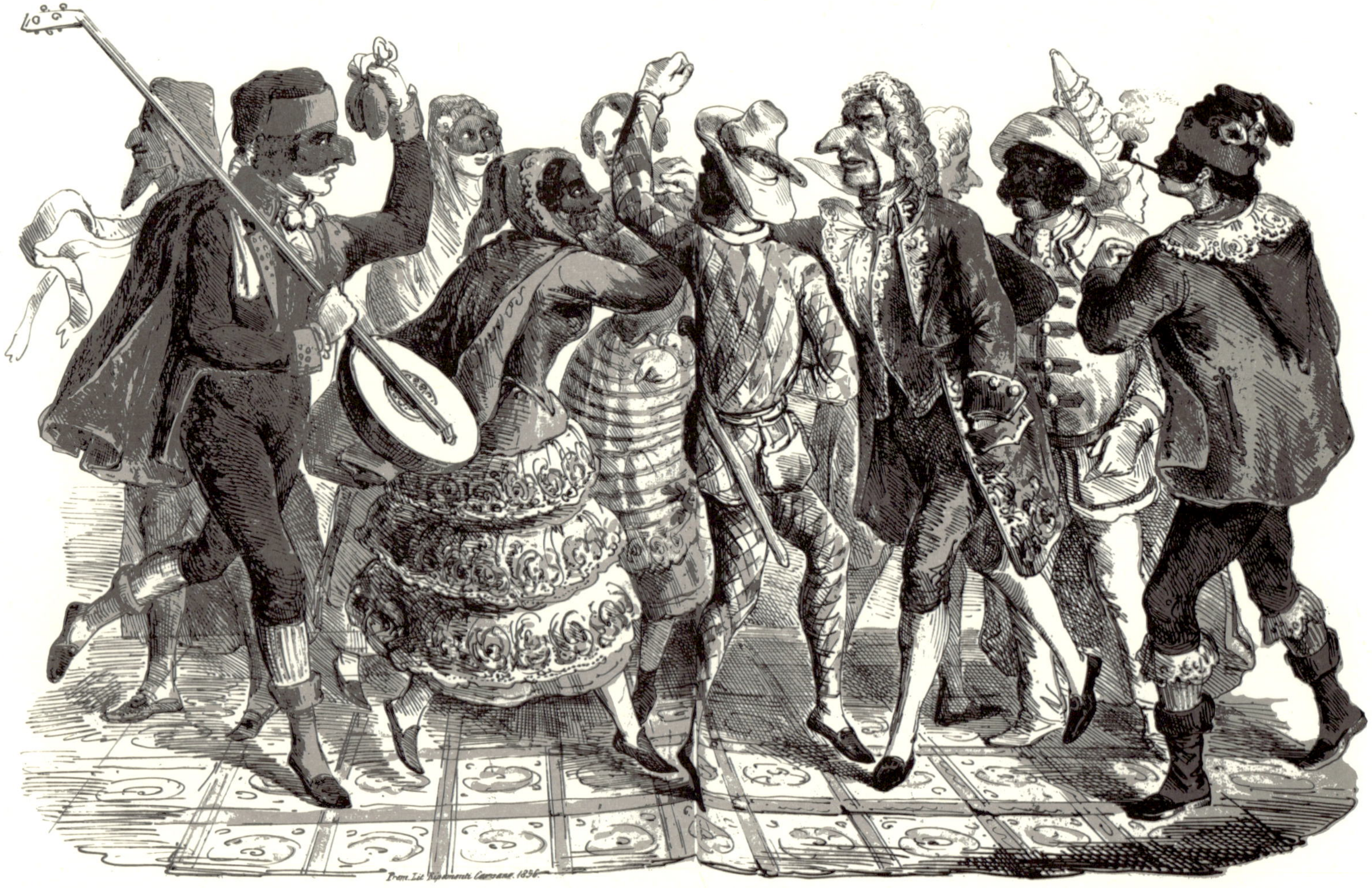
Prem. Lit. Ripamonti Carpano. 1836.

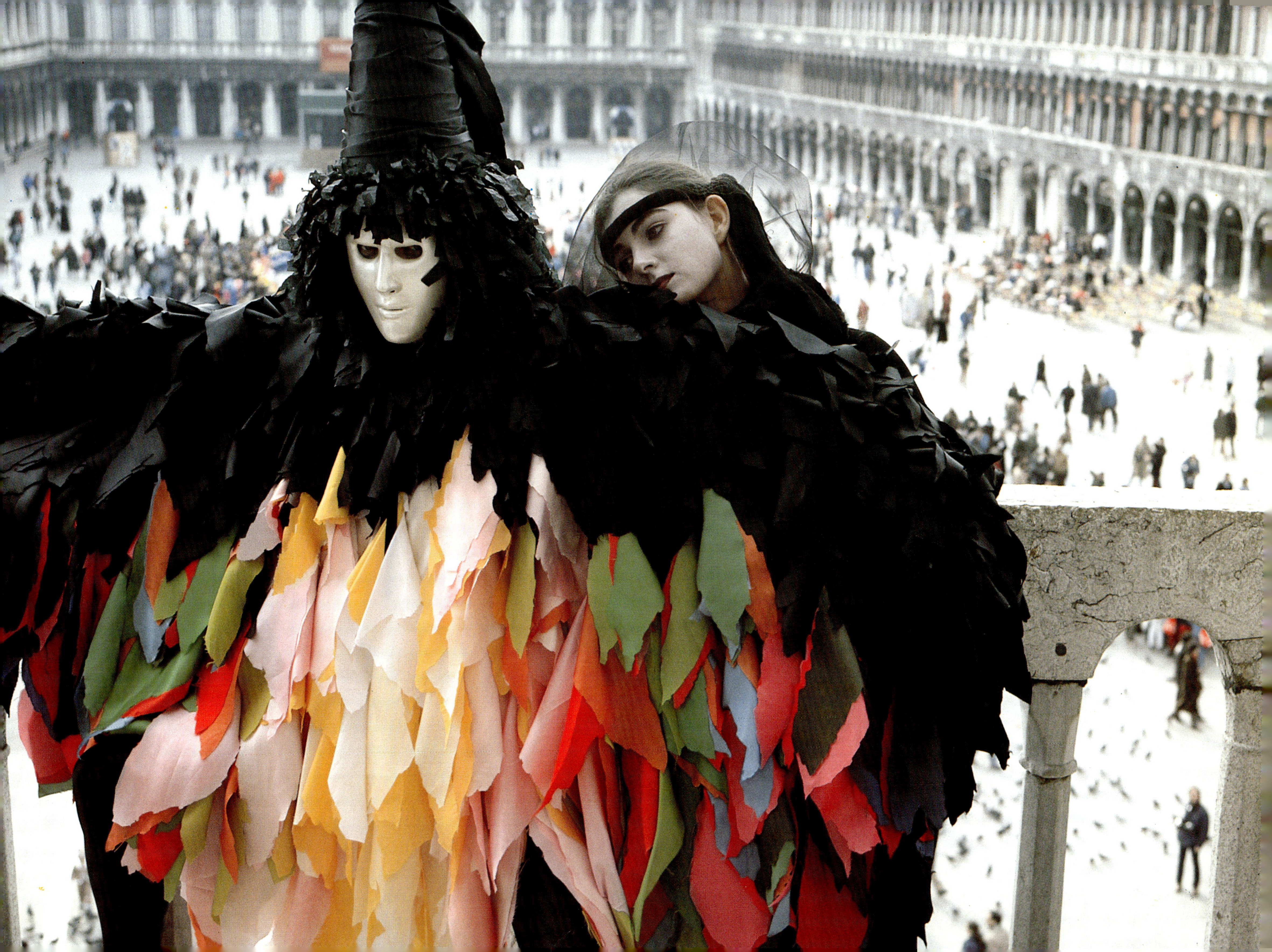

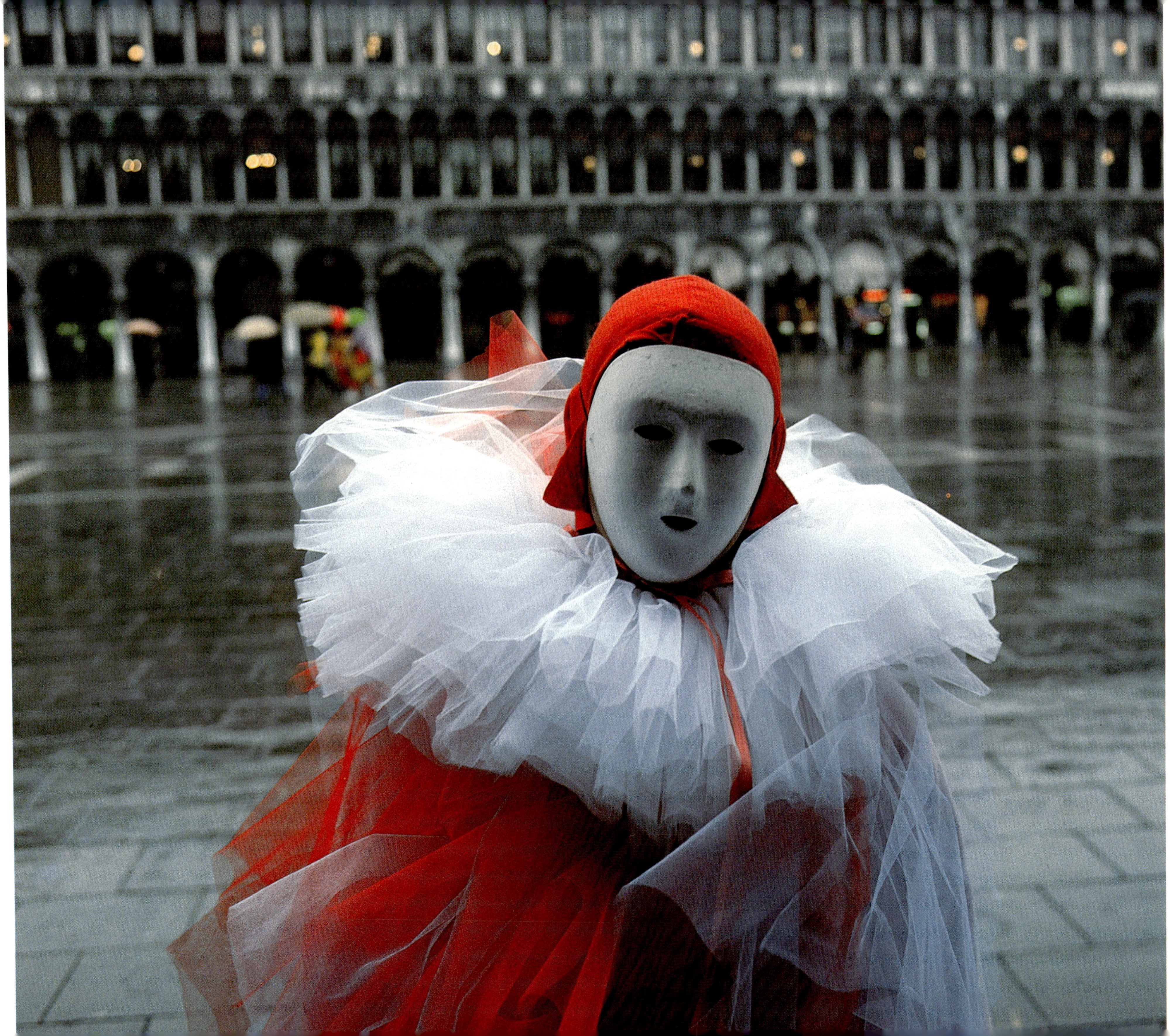

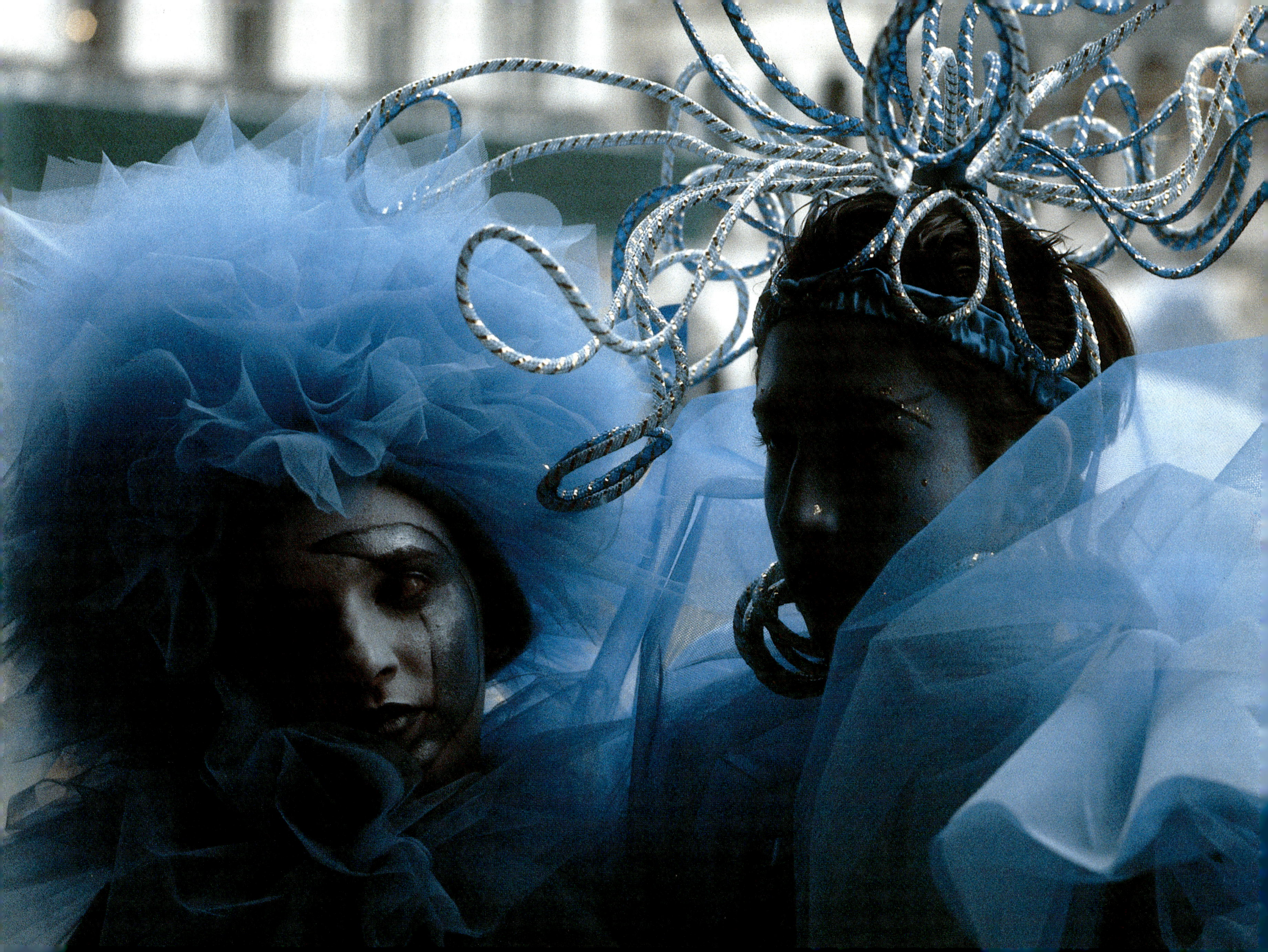

38.3

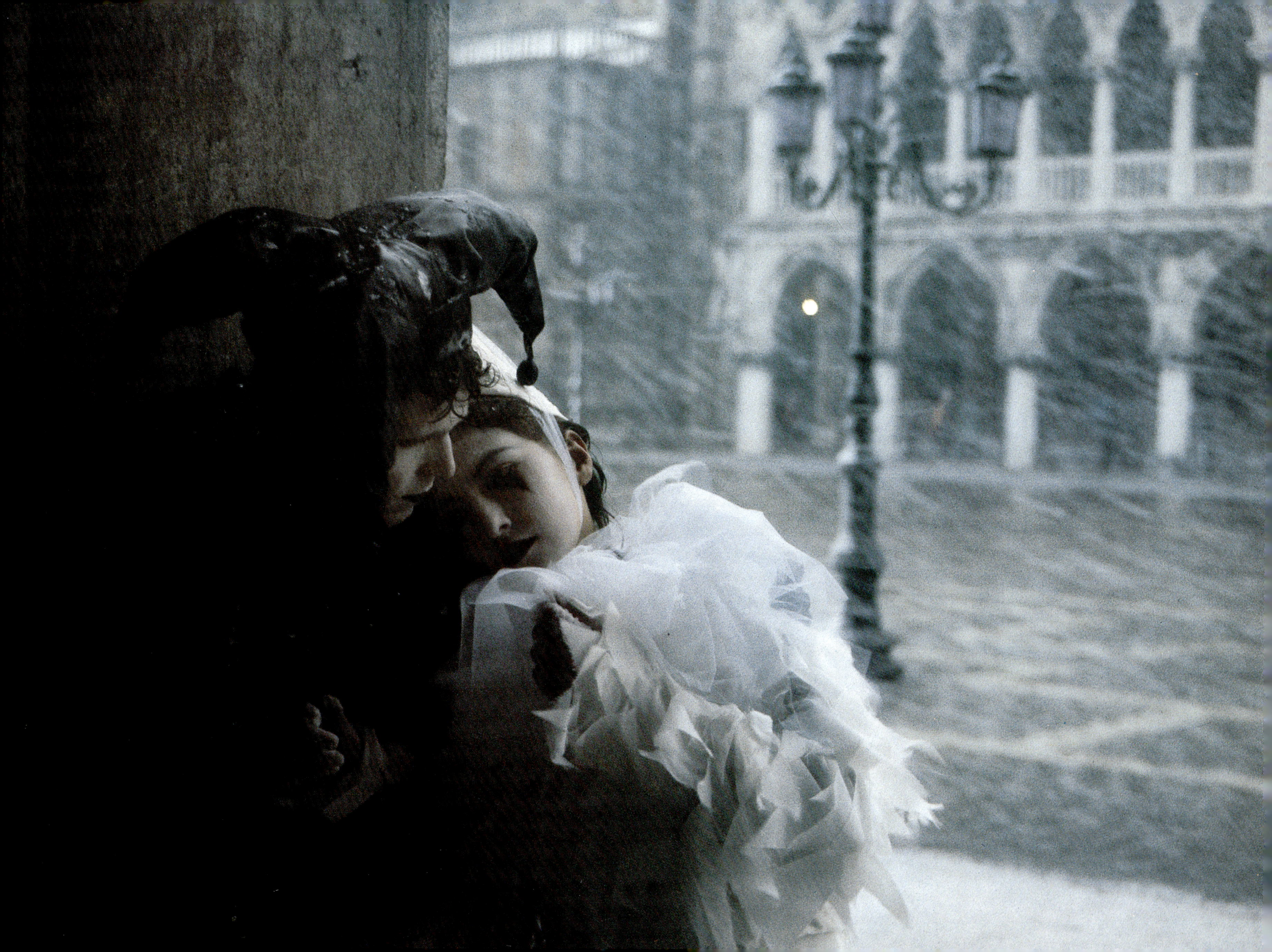

40.41

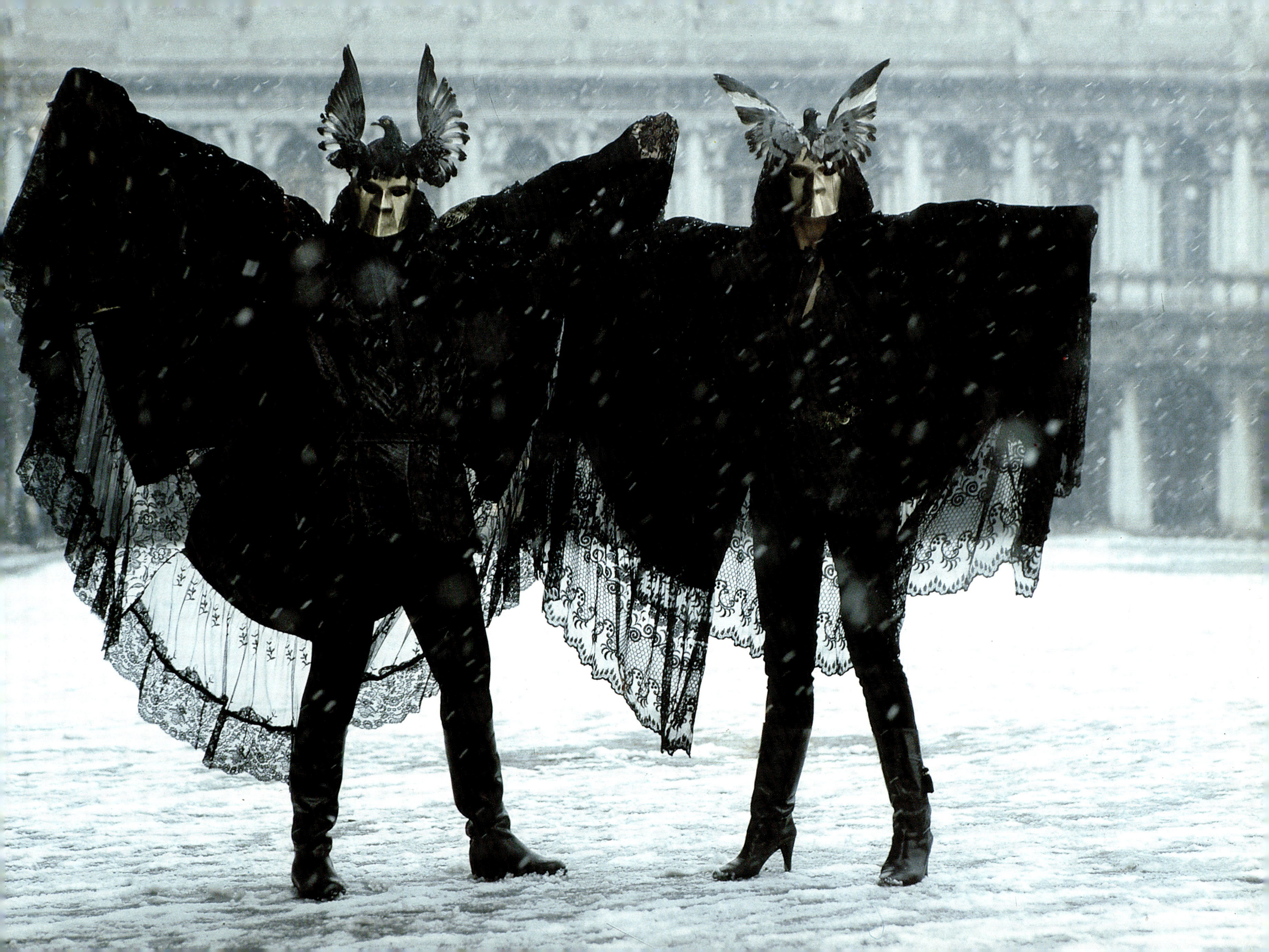

42.43

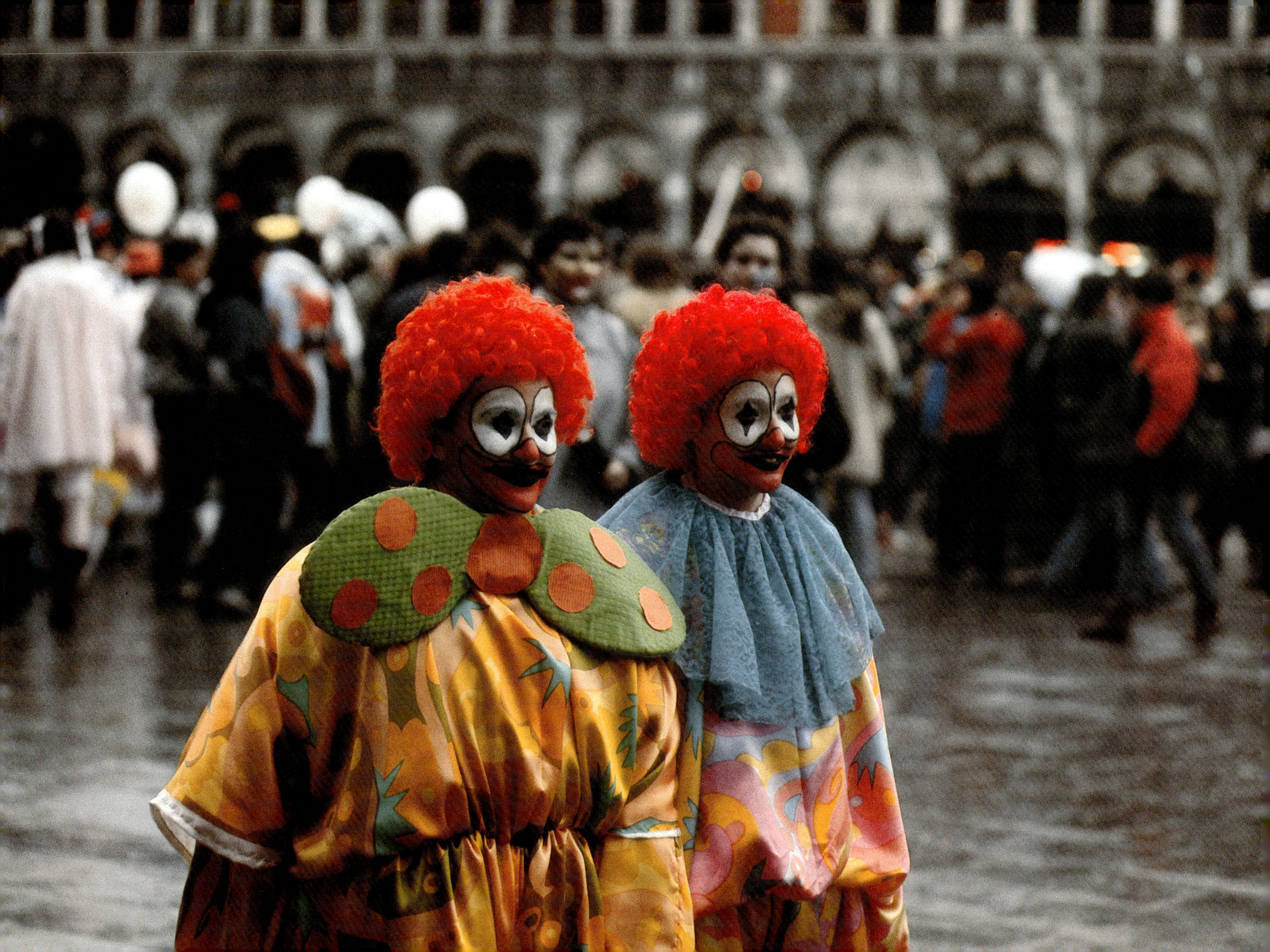

44.4

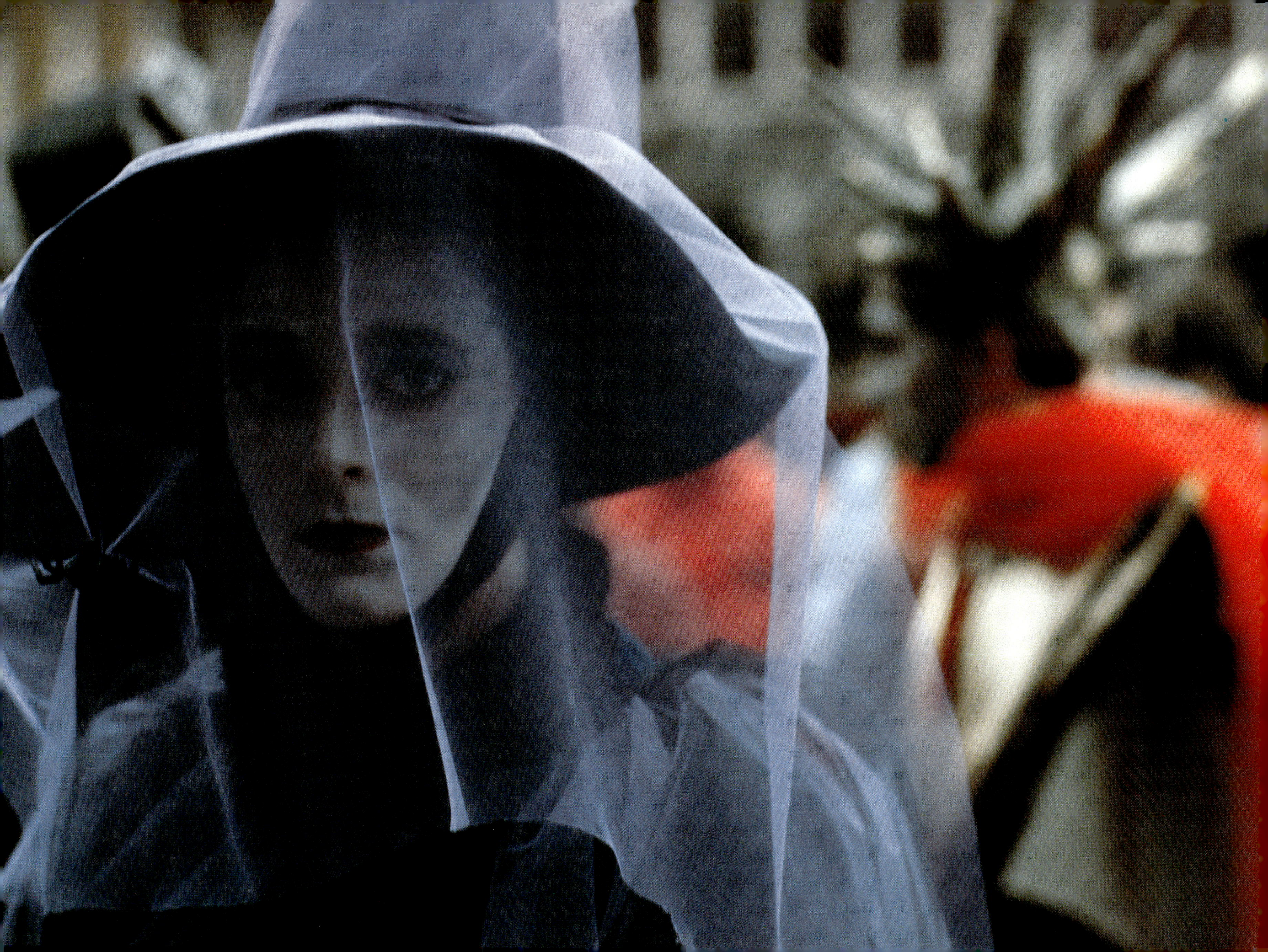

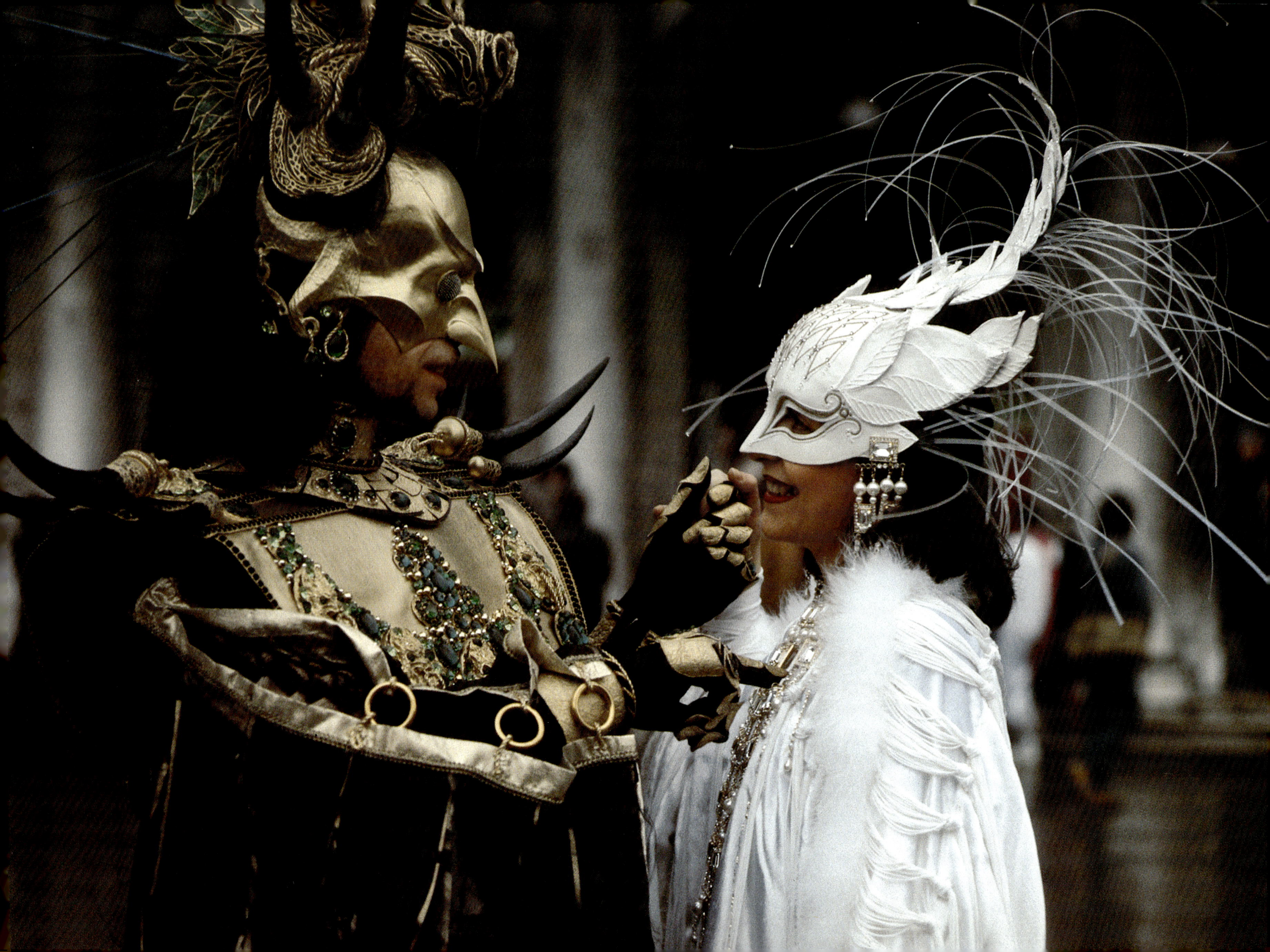

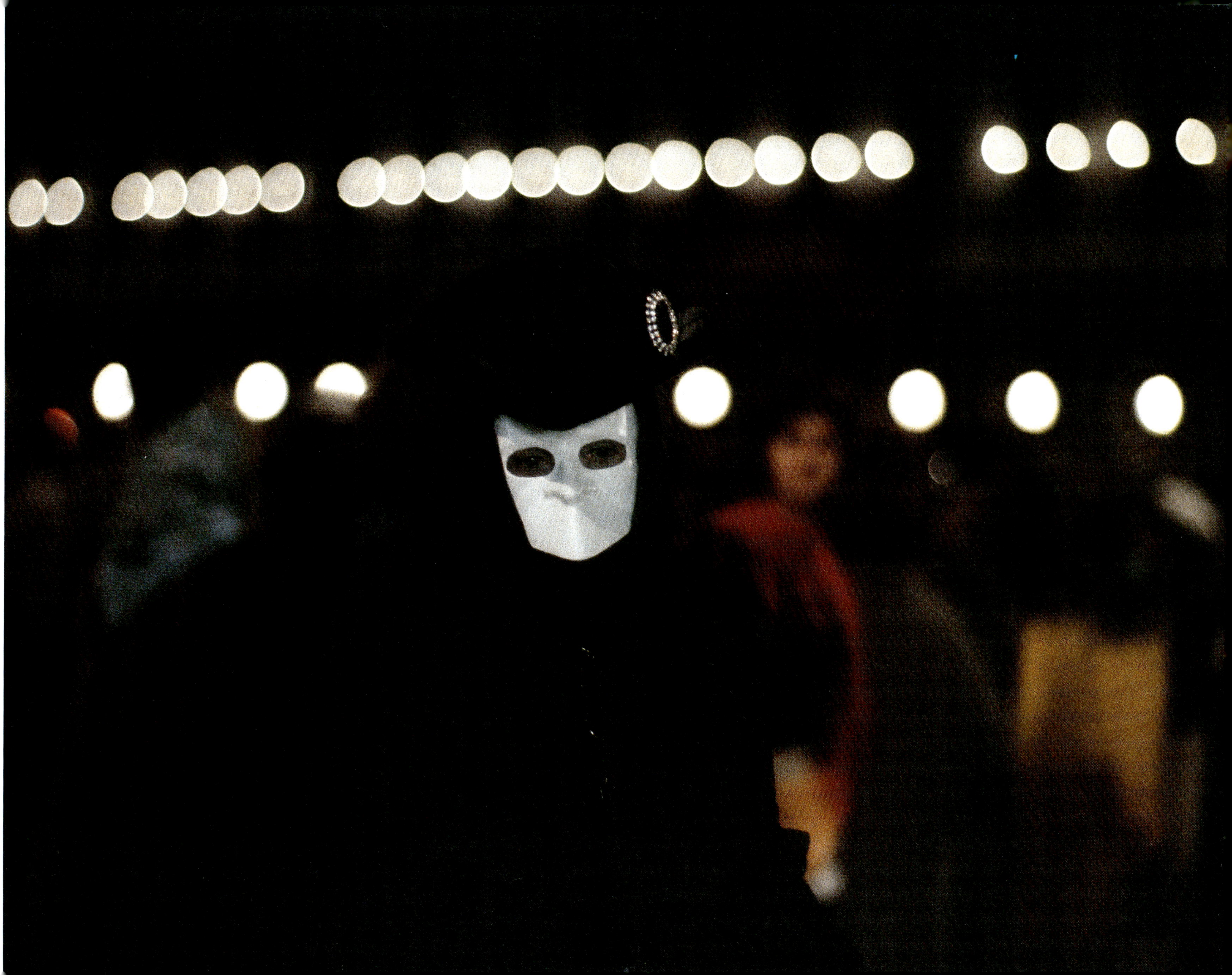

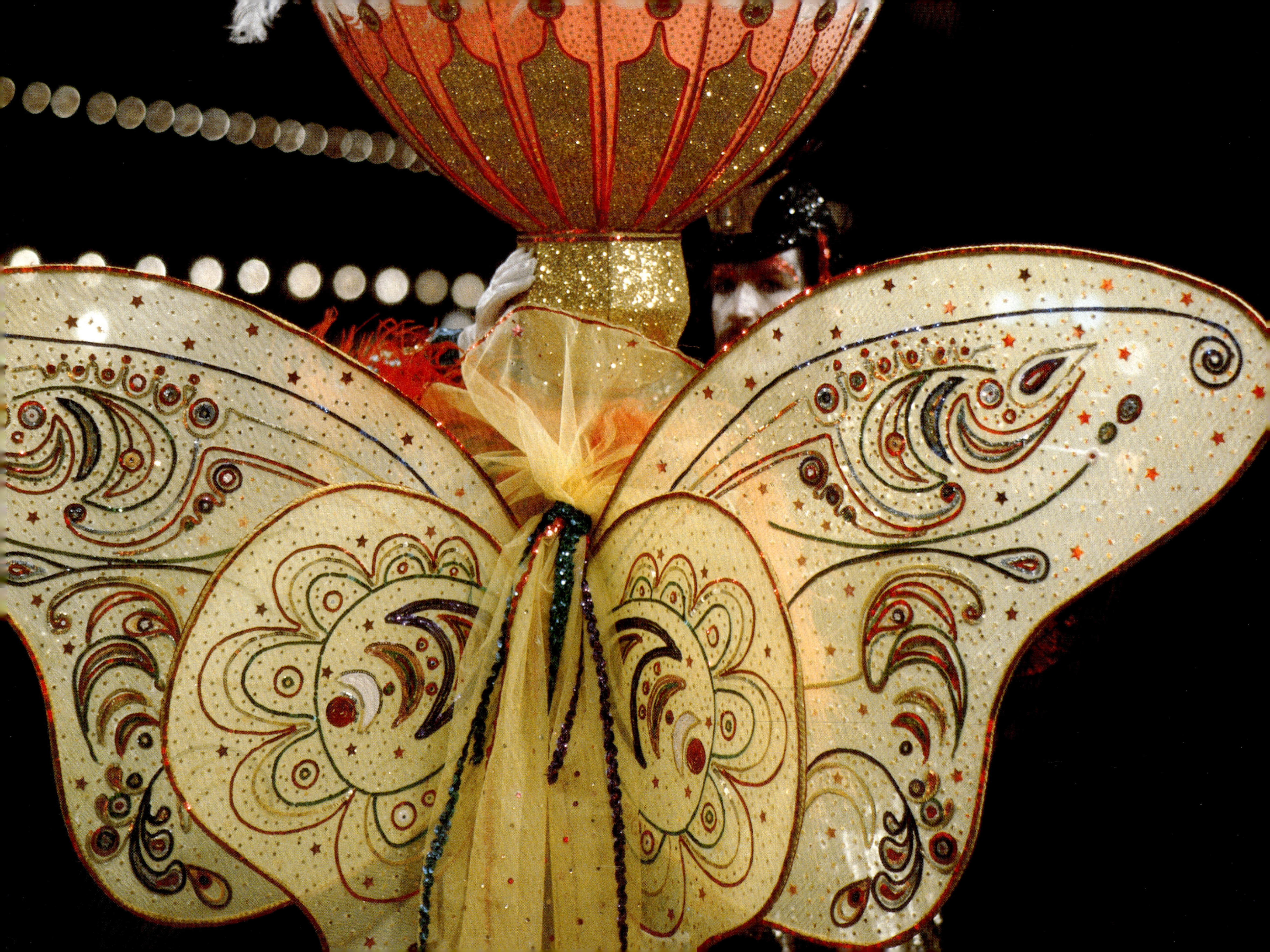

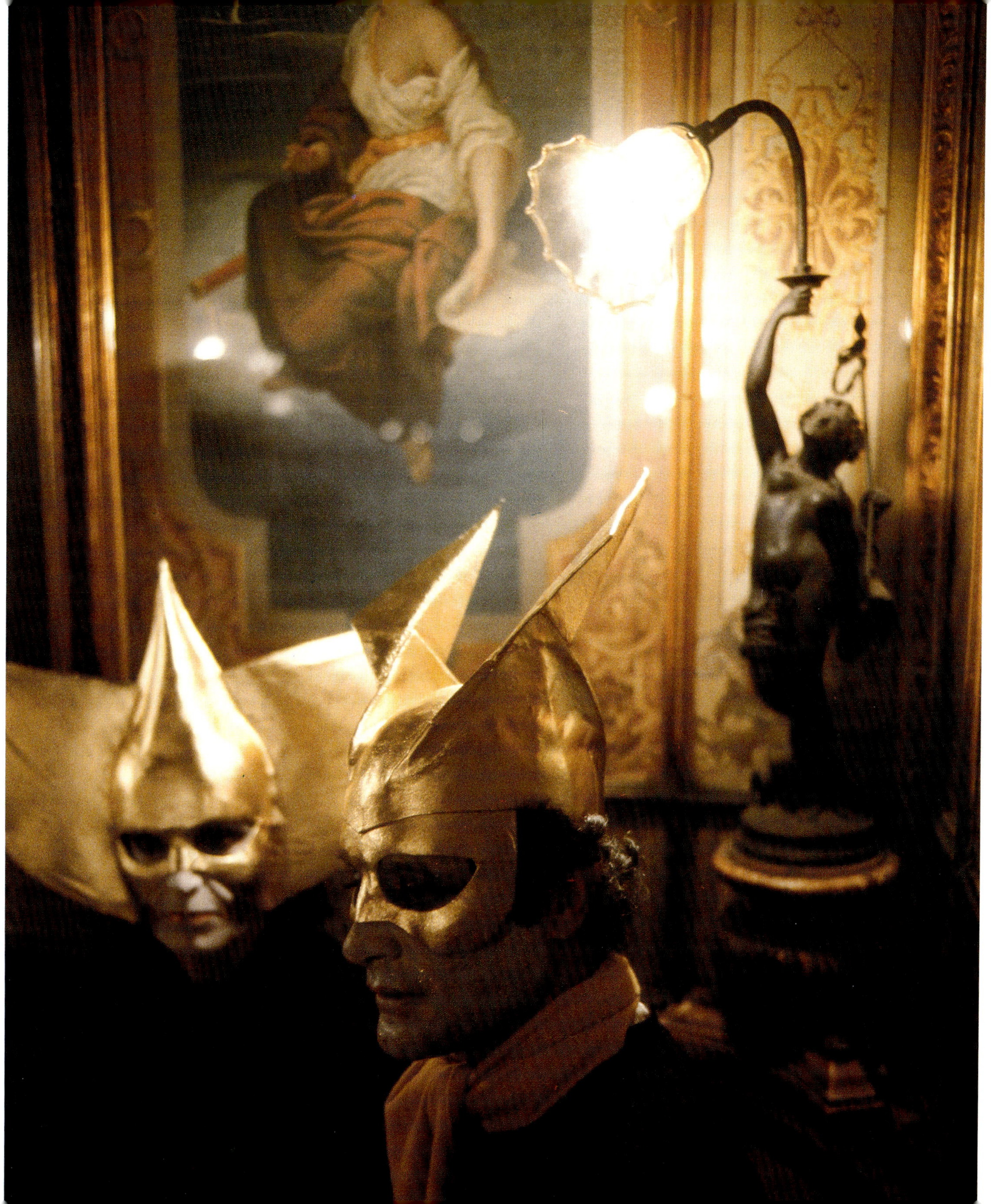

50

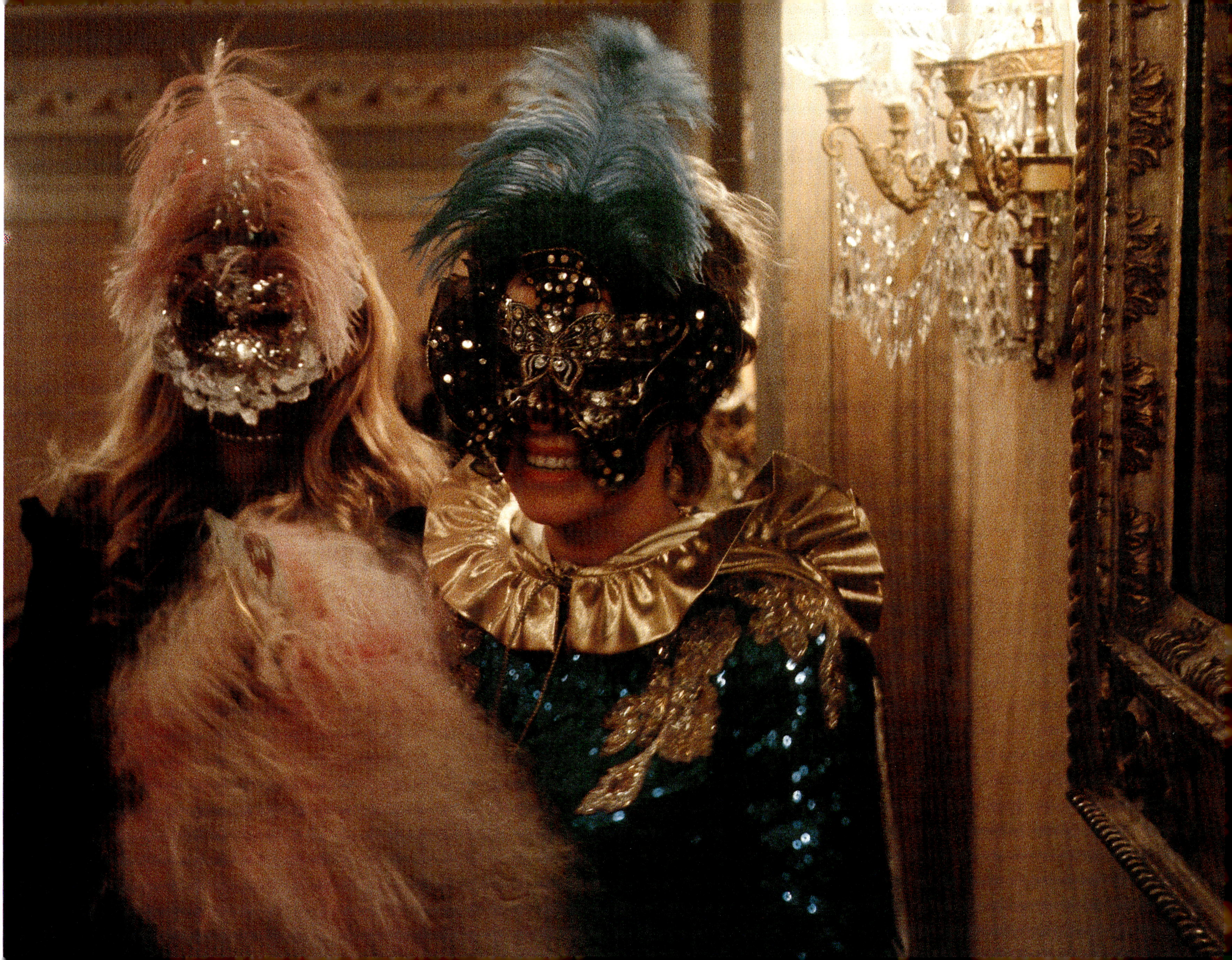

52

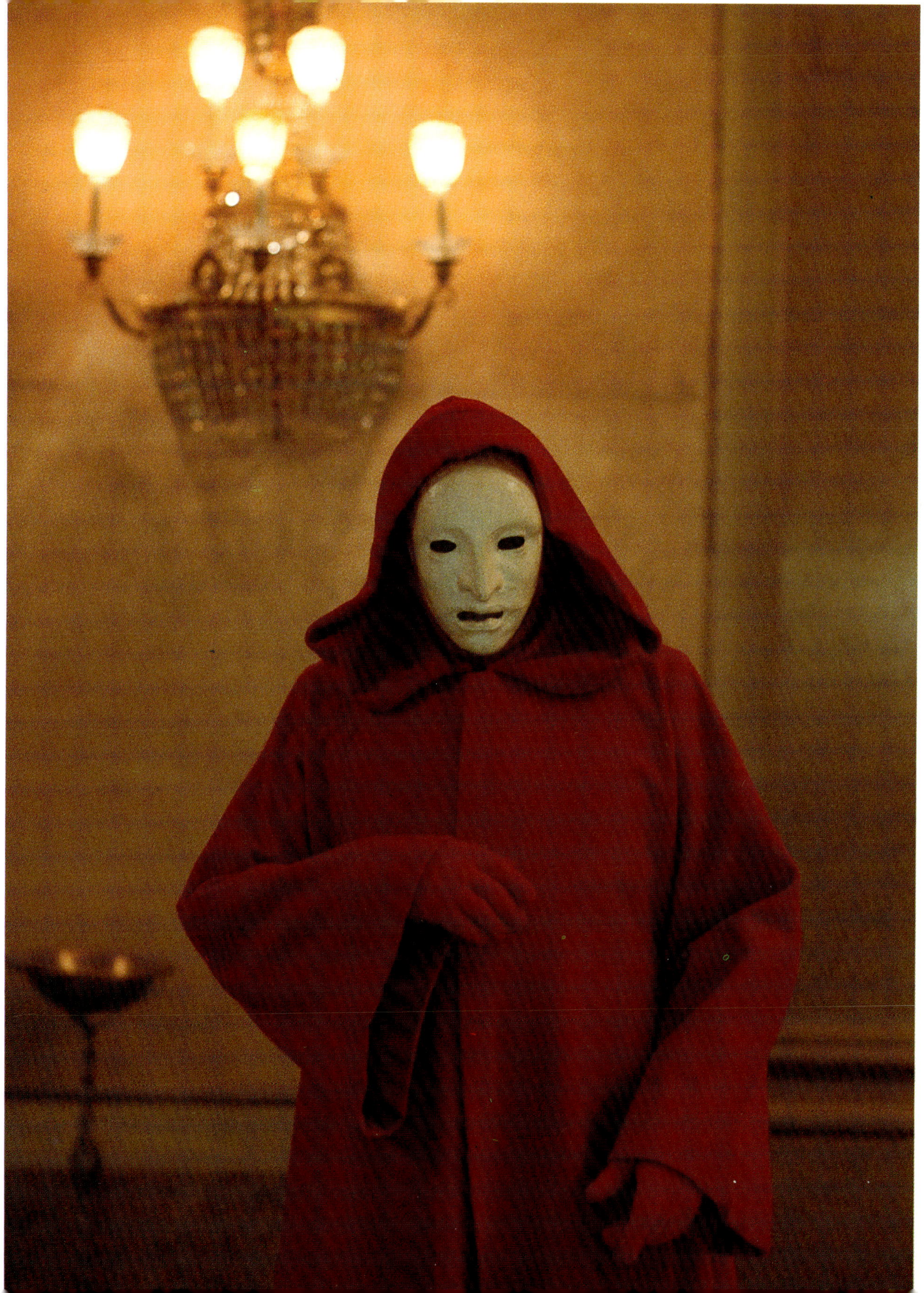

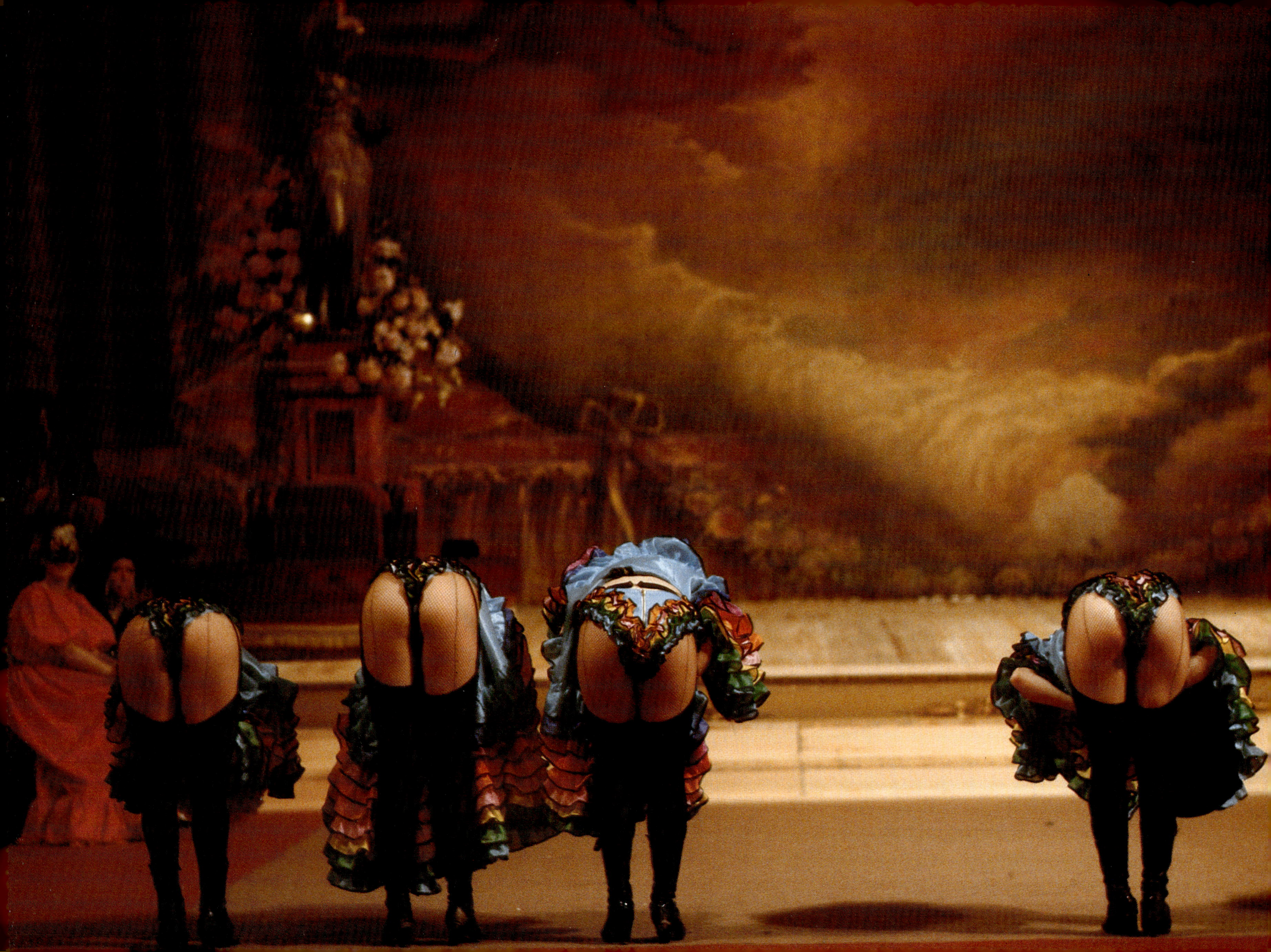

4.55

Technische Daten

1 Dal ponte degli Scalzi.
Elmarit-R 135. Esposizione 1/250 e diaframma a 5,6. Pellicola 64 ASA Kodachrome.

2 Dal ponte dell'Accademia.
Elmarit-R 135. Esposizione 1/250 e diaframma a 5,6. Pellicola 64 ASA Kodachrome.

3 Rio delle Guglie.
Summicron-R 90. Esposizione 1/250 e diaframma a 5,6. Pellicola 200 ASA Ektachrome.

4 Fondamenta delle Guglie.
Summilux-R 50. Esposizione 1/125 e diaframma a 5,6. Pellicola 200 ASA Ektachrome.

5 Ponte storto.
Summicron-R 90. Esposizione 1/250 e diaframma a 2,8. Pellicola 64 ASA Kodachrome.

6 Al Malcanton.
Elmarit-R 90. Esposizione 1/250 e diaframma a 4. Pellicola 64 ASA Kodachrome.

7 Al Malcanton.
Elmarit-R 90. Esposizione 1/250 e diaframma a 2,8. Pellicola 64 ASA Kodachrome.

8 Corte in Barbaria delle Tole.
Summicron-M 50. Esposizione 1/125 e diaframma a 5,6. Pellicola 64 ASA Kodachrome.

9 Corte Bottera.
Summicron-M. Esposizione 1/60 e diaframma a 4. Pellicola 64 ASA Kodachrome.

10 Corte in Barbaria delle Tole.
Summicron-M 50. Esposizione 1/125 e diaframma a 4. Pellicola 64 ASA Kodachrome.

11 Campo San Geremia.
Elmarit-R 90. Esposizione 1/250 e diaframma a 5,6. Pellicola 200 ASA Ektachrome.

12 Frezzeria.
Elmarit-R 90. Esposizione 1/60 e diaframma 5,6. Pellicola 25 ASA Kodachrome.

13 Sul ponte di Rialto.
Summicron-R 35. Esposizione 1/250 e diaframma a 5,6. Pellicola 200 ASA Ektachrome.

14 Ponte dei tre archi.
Elmarit-R 90. Esposizione 1/125 e diaframma a 5,6. Pellicola 25 ASA Kodachrome.

15 Cortile di Palazzo Ducale.
Summicron-R 35. Esposizione 1/125 e diaframma a 5,6. Pellicola 64 ASA Kodachrome.

16 Ponte del Rimedio.
Summilux-R 50. Esposizione 1/125 e diaframma a 5,6. Pellicola 64 ASA Kodachrome.

17 Campo Santa Maria Formosa.
Elmarit-R 90. Esposizione 1/125 e diaframma a 5,6. Pellicola 64 ASA Kodachrome.

18 Traghetto a San Samuele.
Elmarit-R 90. Esposizione 1/250 e diaframma a 5,6. Pellicola 64 ASA Kodachrome.

19 Campo San Samuele.
Elmarit-R 90. Esposizione 1/250 e diaframma a 4. Pellicola 64 ASA Kodachrome.

20 Sul Ponte dei Sospiri.
Elmarit-R 90. Esposizione 1/250 e diaframma a 4. Pellicola 25 ASA Kodachrome.

21 Santa Maria Formosa.
Summicron-R 90. Esposizione 1/125 e diaframma a 5,6. Pellicola 200 ASA Ektachrome.

22 Ponte a San Felice.
Summilux-R 50. Esposizione 1/125 e diaframma a 4. Pellicola 25 ASA Kodachrome.

23 Campanile di Santa Maria Formosa.
Summicron-R 35. Esposizione 1/250 e diaframma a 5,6. Pellicola 64 ASA Kodachrome.

24 Spettacolo della Commedia dell'Arte di Gianni De Luigi, a San Rocco.
Summilux-R 50. Esposizione 1/30 e diaframma tutto aperto. Pellicola 160 ASA Ektachrome.

25 Spettacolo della Commedia dell'Arte di Gianni De Luigi, a San Rocco.
Summilux-R 50. Esposizione 1/30 e diaframma tutto aperto. Pellicola 160 ASA Ektachrome.

26 Mercatino in Campo San Maurizio.
Elmarit-R 135. Esposizione 1/60 e diaframma a 5,6. Pellicola 64 ASA Kodachrome.

27 Mercatino dell'antiquariato in campo San Maurizio.
Summicron-R 90. Esposizione 1/250 e diaframma a 2,8. Pellicola 64 ASA Kodachrome.

28 Calle Bembo.
Summicron-R 90. Esposizione 1/125 e diaframma a 5,6. Pellicola 64 ASA Kodachrome.

29 Dalla motonave.
Elmarit-R 90. Esposizione 1/125 e diaframma a 5,6. Pellicola 64 ASA Kodachrome.

30 Piazza San Marco.
Elmarit-R 180. Esposizione 1/250 e diaframma a 4. Pellicola 64 ASA Kodachrome.

31 Piazza San Marco.
Elmarit-R 180. Esposizione 1/60 e diaframma a 8. Pellicola 64 ASA Kodachrome.

32 Piazza San Marco.
Super Angulon-R 21. Esposizione 1/250 e diaframma a 4. Pellicola 64 ASA Kodachrome.

33 Piazza San Marco.
Summicron-R 35. Esposizione 1/125 e diaframma a 5,6. Pellicola 64 ASA Kodachrome.

34 Piazzetta San Marco.
Elmarit-R 180. Esposizione 1/250 e diaframma a 4. Pellicola 25 ASA Kodachrome.

35 Piazza San Marco.
Summicron-R 35. Esposizione 1/250 e diaframma a 4. Pellicola 25 ASA Kodachrome.

36 Piazza San Marco.
Summicron-R 35. Esposizione 1/125 e diaframma a 2,8. Pellicola 64 ASA Kodachrome.

37 Piazza San Marco.
Summicron-R 35. Esposizione 1/250 e diaframma a 4. Pellicola 64 ASA Kodachrome.

38 Piazza San Marco.
Summicron-R 35. Esposizione 1/125 e diaframma a 2,8. Pellicola 64 ASA Kodachrome.

39 Piazzetta San Marco.
Summilux-R 50. Esposizione 1/125 e diaframma a 2,8. Pellicola 64 ASA Kodachrome.

40 Piazza San Marco.
Telyt-R 500. Esposizione 1/125 e diaframma a 8. Pellicola 64 ASA Kodachrome.

41 Piazza San Marco.
Summicron-R 90. Esposizione 1/125 e diaframma a 4. Pellicola 64 ASA Kodachrome.

42 Piazza San Marco.
Elmarit-R 135. Esposizione 1/250 e diaframma a 4. Pellicola 64 ASA Kodachrome.

43 Piazza San Marco.
Summilux-R 80. Esposizione 1/250 e diaframma a 2,8. Pellicola 64 ASA Kodachrome.

44 Piazza San Marco.
Elmarit-R 90. Esposizione 1/250 e diaframma a 5,6. Pellicola 64 ASA Kodachrome.

45 Piazza San Marco.
Elmarit-R 135. Esposizione 1/125 e diaframma a 4. Pellicola 64 ASA Kodachrome.

46 Piazza San Marco.
Elmarit-R 90. Esposizione 1/250 e diaframma a 4. Pellicola 64 ASA Kodachrome.

47 Piazza San Marco.
Summilux-R 80. Esposizione 1/30 e diaframma tutto aperto. Pellicola 800 ASA Ektachrome.

48 Piazza San Marco.
Summilux-R 80. Esposizione 1/125 e diaframma tutto aperto. Pellicola 160 ASA Ektachrome.

49 Caffé Florian.
Summilux-R 80. Esposizione 1/125 e diaframma tutto aperto. Pellicola 160 ASA Ektachrome.

50 Teatro La Fenice.
Summilux-R 80. Esposizione 1/60 e diaframma tutto aperto. Pellicola 160 ASA Ektachrome.

51 Teatro La Fenice.
Summilux-R 50. Esposizione 1/125 e diaframma tutto aperto. Pellicola 160 ASA Ektachrome.

52 Teatro La Fenice.
Summilux-R 80. Esposizione 1/60 e diaframma a 2. Pellicola 160 ASA Ektachrome.

53 Teatro La Fenice.
Summilux-R 80. Esposizione 1/60 e diaframma a 2. Pellicola 160 ASA Ektachrome.

54 Teatro La Fenice. Il Pippistrello.
Elmarit-R 180. Esposizione 1/60 e diaframma a 2,8. Pellicola 160 ASA Ektachrome.

55 Teatro La Fenice. Il Pippistrello.
Elmarit-R 180. Esposizione 1/60 e diaframma a 2,8. Pellicola 160 ASA Ektachrome.

Le fotografie n. 8-9-10 sono di Lou Embo.

Progetto di Fulvio Roiter
Collaborazione grafica di Claudio Rebeschini
Carta: Ikonorex Special Matt gr. 170 della Zanders Feinpapiere AG -
West Germany
Stampa: Tipolitografia Sociale - Cittadella di Padova - Gennaio 1985

Rückgabe bis:			
10. 07. 1986			
28. 01. 1987			
-7. MRZ. 1987			
12. 11. 1987			
10. FEB. 1988			
00. 12. 88			
8. 06. 1989			
01. 03. 90			